JN124775

麒麟(きりん)よこい

【緊急出版】

日韓和解の決め手はこれだ！

―耳鼻塚の鎮魂・供養のすすめ―

目次

京都の耳鼻塚について　金 文吉

【特別寄稿】

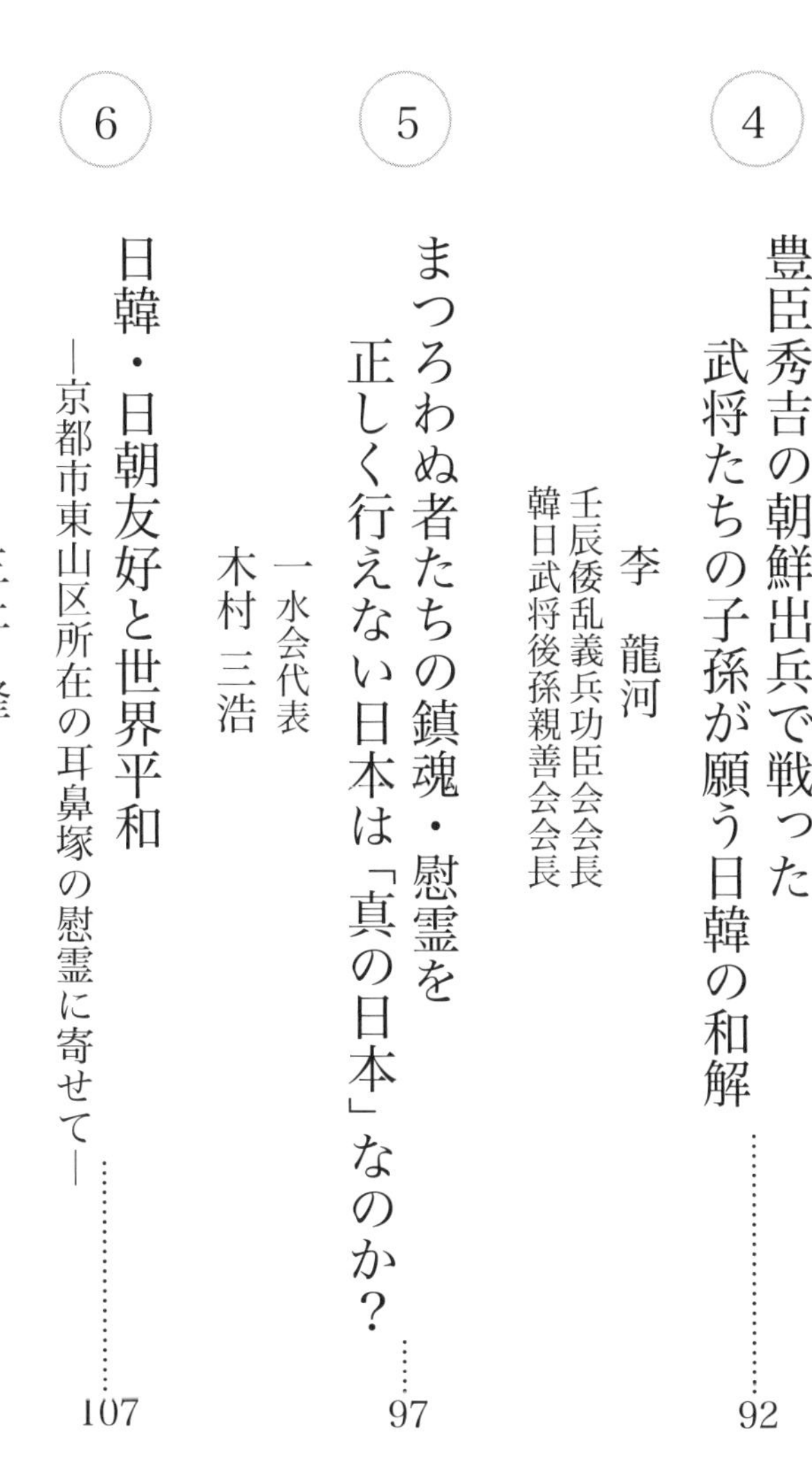

【編者のことば】

耳鼻塚の鎮魂・供養を
新たな日本の出発点にしなければいけない……115

天木 直人
元駐レバノン大使
新党憲法9条代表

京都の耳鼻塚について

金　文吉
釜山外国語大学名誉教授
韓日文化研究所所長

1

文禄・慶長の役が残した耳鼻塚

豊臣秀吉による二度にわたる朝鮮出兵、つまり日本でいう文禄（1592—93）・慶長（1597—98）の役は、韓国では壬辰倭乱・丁酉再乱と呼ばれています。この朝鮮出兵について日本ではどのように教えられているか私はくわしくは知りませんが、韓国にとっては、これらは紛れもなく侵略戦争でした。そしてこの侵略戦争によって、多くの朝鮮人は殺戮（さつりく）され、数万人の朝鮮人たちが日本に拉致・強制連行されました。朝鮮の文化財も略奪されました。文禄・慶長の役は当時の朝鮮のすべてを奪った戦争だったのです。

だからといって、私は当時の侵略戦争を非難するつもりでこれを書いているのではありません。今と違って、当時は侵略戦争は世界中のいたるところで行われ、勝ったものが正しいという時代だったことを知っています。

私がここで言いたい事は、被害を受けた者も被害を加えた者も、歴史を正しく、客観的に直視し、共有することが、お互いを理解し合う上で重要であり、そのことによってはじめて、お互いが未来に向かって和解できるということです。この事に異論を持つ人は、日本にも、韓国にも、いや世界中でひとりもいないと思います。

朝鮮出兵から4百年以上の年月を経て、いまでは侵略戦争は認められない世の中になりました。個人の基本的人権は国家の間違った行為から守られるようになりました。

そういう時代になったいまこそ、過去の歴史から逃げる事なく向かい合い、許し、過去を乗り越えて、お互いの理解を深める努力が重要であると思っています。その私の思いを日本の皆さんにお伝えしたいと思ってこの解説文を書くことにしたのです。

私がこの文章で日本の皆さんにお伝えしたい事は、朝鮮出兵の過程で露(あら)わになった豊臣秀吉の残酷さです。それは、殺戮した朝鮮人の数を武将たちに競わせ、その戦果の証拠として、首の代りに、耳、鼻をそぎ取って持ち帰らせ、褒美を与えたことにあります。手柄を競った当時の武将たちは、朝鮮の軍人だけでなく民間人も犠牲にし、老若男女問わず、鼻や耳を削ぎ取って、それを塩漬けにして持ち帰りました。数を増やすため、生きている者の耳・鼻すら削ぎ取って持ち帰ったとさえいわれています。

韓国の歴史において間違いなく一番恥辱的な歴史は、この文禄・慶長の役、すなわち韓国で言う壬辰・丁酉戦争であったのです。まず、この事を日本の皆さんに知ってほしいのです。

知らない者にとっては、それは存在しない事と同じです。知っている者と知らない者との間では話はかみ合いません。そう思った私は、どうしても日本の人たちに知っていただきたいと、この史実を書くことにしました。

それでは、今を生きる私たちは、この過去に起きた日韓両国の間の不幸な歴史に対して、どう対応すればいいのでしょう。この事について最後に私の考えを提案させていただくことにしました。

どうすればいいかについては色々な意見があると思います。韓国人の間でも意見が分かれる部分があります。だから私は私の提案を日本の皆さんに押しつけるつもりはありません。

どう対応すればいいかは、やはり韓国人が押しつけるものではなく、日本の人たちが考えるべきだと思います。重要な事は日本の人たちが自発的に行う事です。それが出来れば、韓国は国をあげて喜び、歓迎するでしょう。

今の日本と韓国の両政府の関係を見ていますと、日本政府が私の提案を受け入れていますぐ実施に移すことができるとは思いません。日本政府は日本国民の総意を尊重する必要があるし、何よりも国家の威信がかかっているからです。しかし、もし日本の人たちの多くが動きだせば、その動きが日本政府を動かすことになるかもしれません。

京都の耳鼻塚の史実を共有すれば、必ず共通の理解に辿り着きます。そうなることを願って、これから京都の耳鼻塚について説明していきたいと思います。

2

なぜ耳・鼻をそぎ落すような残酷な事が行われたのか

皆さんもご存じのように、戦国時代、敵の首級をあげるのが戦いに勝つあかしでした。したがって、豊臣秀吉に命じられて朝鮮出兵に参加した武将たちは、首を刎ねて戦果として持ち帰ろうとしました。しかし、首は重く、たくさん持ち帰るのは難儀です。そこで豊臣秀吉は首の代りに耳や鼻をそぎ落とすように命じました。耳は一人に二つあるので数をごまかすことができる、そこでひとつしかない鼻となったのです。耳鼻塚ということばがそれを示しています　武将たちにとっては、褒美をもらうためには数が多い方がいい。そして耳や鼻なら誰のものかわからないので、数を増やすため軍人だけでなく民間人も、そして、老若男女の別なく、おびただしい人を殺し、耳、鼻がそぎ落とされました。最後は生きている人の耳や鼻を削ぎ落すようになりました。

当時の朝鮮では鼻の無い人が目立つようになり、それを人目につかないように隠して暮さなければいけない人もでてきたそうです。鼻がないと感染しやすく、結局病気になって死んでいった人も多かったといいます。人間の尊厳を奪った、なんと残酷で悲しい事でしょう。

当時の武将たちが、すべてはじめからそれほど残虐だったわけではないかもしれません。しかし戦国時代が皆を残酷にしていきました。その中でも、豊臣秀吉はとりわけ残酷だったといわれています。そして、その豊臣秀吉に命じられ、褒美をもらえるとなれば、皆競ってどんどんと残虐になっていったのです。

ちなみに豊臣秀吉は、みずから京都に造った聚楽第（じゅらくだい）に自分の悪口の落書きが見つかった時、怒って門番たち全員の鼻と耳を削いだ上に磔（はりつけ）にして殺したと伝えられています。

さらに言えば、豊臣秀吉は、二度目の朝鮮出兵、すなわち慶長の役の時のほうがより残虐になり、そがれた耳鼻の数も急増します。それは戦いが劣勢になり、それをはね返そうとしてますます残虐になっていった事を物語ります。

なぜ豊臣秀吉が朝鮮出兵をしたかについては、次のような見方が日本の歴史家の中で指摘されています。すなわち、全国統一を成し遂げた後の豊臣秀吉の最大の課題は、統一後の社会の仕組みをどう転換するか、仕事を失った武士たちをどう処遇するかでした。ところが豊臣秀吉は正しい答えを見つけられず、朝鮮出兵という形ではけ口を見つけたというのです。

そんな理由で朝鮮出兵を行い、多くの朝鮮人を犠牲にした豊臣秀吉は、韓国人にとっては、日本のどの権力者よりも一番嫌われています。この事も日本の皆さんに知ってもらいたいと思います。

3

「戦果のしるし」としての耳・鼻を示す請取状

ここで請取状のことについてひとこと書いておきたいと思います。請取状とは、簡単にいえば、耳鼻を確かに献上しますからお受け取り願いますということを示す書類であり、証明書のようなものです。たとえば毛利秀元の配下であった軍目付態谷内蔵允という人物が発出した鼻請取状は次頁のようなものでした。

大阪城「天守閣」資料室所蔵

「今までそぎ落した首の代わりに鼻九拾を間違いなく請取り証言」

慶長2年8月21日

熊谷内蔵允

直盛（花押）

垣見和泉守（花押）

一直（花押）

早川主馬頭（花押）

長政（花押）

鍋島信濃守殿　御陣所

また次のような鼻請取状もあります。

「金溝金提両郡にて御成敗後頸の鼻数事合三千三百六拾九也」

慶長2年10月1日

垣見和泉守（花押）

熊谷内蔵允（花押）

早川主馬頭（花押）

鍋島信濃守殿

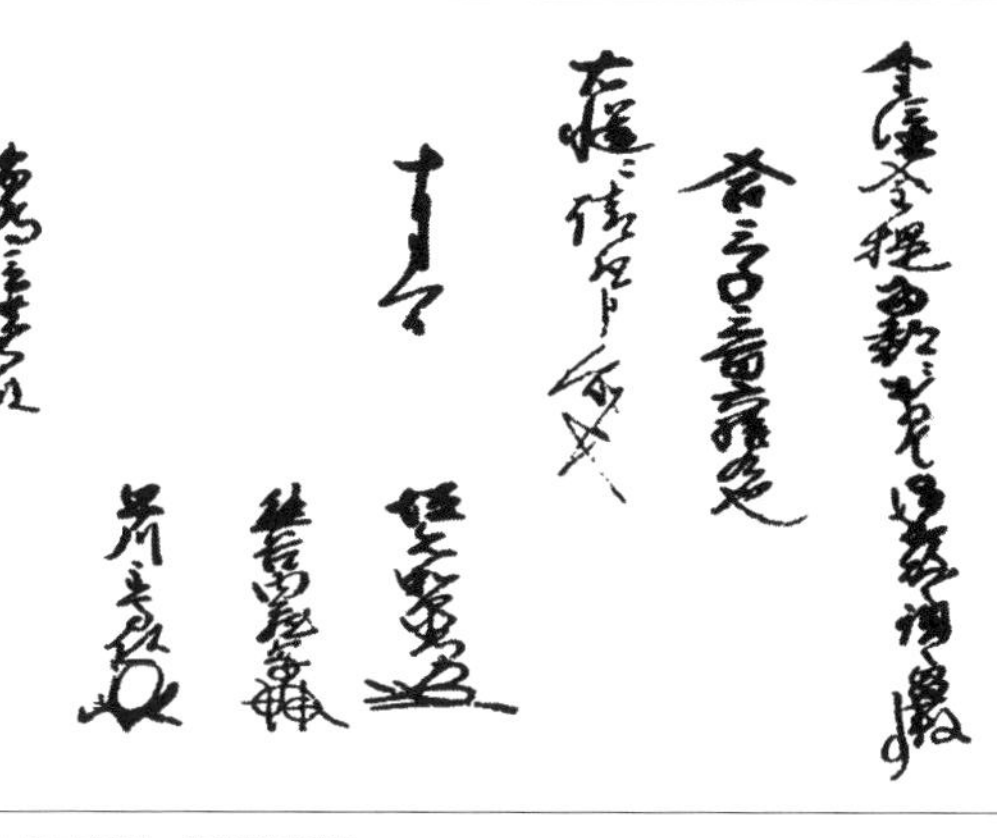

大阪城「天守閣」資料室所蔵

金溝金提とは全羅北道の金溝金提であり、丁酉戦争の際、最も熾烈な激戦地であったとされています。

ここで私が何を言いたいかといえば、請取状とは、削ぎ取られた耳や鼻の受け渡しを確認する残酷な証明書であるということです。

そしていったん請取状が発出されたら、削ぎ落した耳鼻は、その時点でもはや不要になる事を示しています。言いかえれば不要になった耳鼻は、すべて京都に運ぶ必要はなく、したがって、京都に運ばれて京都の耳鼻塚に埋められた耳や鼻は、削ぎ落された耳や鼻のすべてではないということです。武将たちの出身地で耳鼻塚を作って供養したり、散逸したものがあると推測できるのです。

そこで私は個人的に調べました。そしてこれまでに私が確認した日本国内にある耳鼻塚は、京都の耳鼻塚のほかに、岡山に二カ所、福岡、対馬に各一カ所の計5カ所に存在することがわかりました。おそらくまだ日本国内には、人知れず放置されている耳鼻塚のようなものが存在する可能性があると思われます。

もしこの私の文章を読んで思い当たる方がおられたらご一報いただければ幸いです。日本各地に散らばっていると思われる犠牲者の魂を、関係者の協力を得て出来る限り見つけだし、鎮魂・供養する事もまた重要なことだと思って、ここに請取状の事を書くことにしました。

4

京都の耳鼻塚を見て嘆き、怒り、慟哭（どうこく）した朝鮮通信使

日本と朝鮮の関係で重要な役割を果たした外交使節団が、朝鮮通信使です。

朝鮮通信使のそもそものはじまりは日本の室町時代にさかのぼります。そして豊臣秀吉の時代にも朝鮮通信使は日本を訪れました。しかし朝鮮出兵により朝鮮通信使は断絶し、徳川時代になって再開されました。

徳川時代の朝鮮通信使は、朝鮮出兵のような不幸が繰り返されないように、友好関係を築くための外交使節団の役割を果たしました。

１６０７年から１８１１年にかけて約２００年間、合計12回、朝鮮通信使は李氏朝鮮から徳川幕府に派遣されました。

　これら朝鮮通信使の意義と役割は、時代によって異なりますが、共通して言える事は、どの朝鮮通信使も、それを派遣する朝鮮もそれを受けいれる徳川幕府も、多大の労力と予算を使って派遣し、接受して、それが両国間の関係円滑化に役立った一大外交事業であったということです。

　ここで私が特に指摘したい事は、そのように派遣され、接受された朝鮮通信使が、どの使節も京都の耳鼻塚の存在を知り、それを見て、一様に悲しみ、怒り、号泣したということです。

　その場面をあらわす画像が多数残っています。それらを見ると、ある使節は手綱を取って逆戻りし、正使と思われる人は輿（こし）を降りようともせず見過ごし、付き添いの一人は耳塚を指して興奮している光景など、当時の耳塚を目撃した朝鮮通信使一行の姿が甦ってきます。

たとえば1748年（延亨5）の作品『朝鮮人来朝物語』「朝鮮通信使耳塚見物總図」がそれです。(1)

『朝鮮通信使行列図』は1748年の作品ですが、1624年（寛永元年）の朝鮮通信使の副使の姜弘重は悔しさのあまり泣きわめき、『東槎録』の中でこう書いています。

「倭人が申すことに、秀吉が我が国の人民の耳と鼻を此処に埋めて、秀吉の死後、秀頼が封立碑するに、晋州城が陥落した後、その首級をここに埋めたと聞き伝えただけで痛憤に耐えないほどである」(2)

さらにさかのぼって、1607年、一次派遣通信使の副使、慶暹の『海槎録』によると、「倭の京の東郊に、我が国の人々の鼻塚がある。乱暴にも倭国が合戦する際、必ず人の鼻を切り、あるいは首を切って献上する

朝鮮通信使見物総図『朝鮮来朝物語』1748 年（延享 5）新板ゑ入（京都大学付属図書館蔵）

こと、その壬辰倭乱、我が国の人々の鼻を削ぎ落して一カ所に埋め、土を被せて塚を造った。秀頼がそこに碑石を建て……人の出入りを禁止したという」(3)と書かれています。

また1671年（元和2年）、朝鮮通信使従事官の李景稷は『扶桑録』で「秀吉が我が国の人々の耳と鼻をそぎ落してここに埋め、彼の死後、秀頼が塚を造り石碑を立てたというが、実に号泣を催す」

と書いています。

もうこれ以上、私がここで朝鮮通信使一行が、京都の耳鼻塚の存在を知ってどういう思いを抱いたか書く必要はないでしょう。私がここで言いたい事は、ここまで朝鮮通信使が京都の耳鼻塚を見て心を痛めたにもかかわらず、当時の徳川幕府や、耳鼻塚を所有し供養すべき京都が、彼らの悲しみや怒りや屈辱に思いをはせて対策を講じた気配が見られないということです。そしてそれは、そのまま２０２０年の今日に至っても変わっていません。

当時の京都は戦国時代の権力闘争の中心であったため、陰謀と殺戮の中心地であり、怨念に満ちた地でした。

しかし、京都はいまや世界の観光地となり、世界中から毎日のように大勢の人が訪れるようになりました。その世界の観光地を誇る京都市が、豊臣秀吉の負の遺産ともいうべき耳鼻塚を遺跡として保有しながら、犠牲者の魂の鎮魂・供養をすることなく、豊臣秀吉に命じられた武将たちが「戦功のしるしとして耳鼻を削いで塩漬けにして持ち帰った」事を認める掲示板を掲げているのです。この事に私は強い違和感を覚えるのですが皆さんはどう思われるでしょうか。

好意的に考えれば、気づかなかった、あるいは寝た子を起こしたくないという事かもしれません。

しかし、朝鮮通信使がここまで悲しみ、怒り、動揺したのです。そしてそれは今の韓国人の気持ちでもあります。

どうすれば、京都は、そして日本は、この豊臣秀吉が残した負の遺産を乗り超えられるのか、それは決して難しい事ではありません。その事については、この文章の最後のところで私の提案を述べたいと思います。

(1) 辛基秀『新版朝鮮通信使往来―江戸時代 260 の平和と友好』明石書房 2008 p.75

(2) 同　p.105

(3) 仲尾宏「朝鮮通信使と「耳塚」― 江戸時代の「耳塚」観と壬辰・丁酉再乱」金洪圭總著『秀吉・耳塚．四百年』1998 p.103.

5

京都の耳鼻塚の撤去を百年前に進言した米国大使夫妻

京都の耳鼻塚を見た朝鮮通信使は、どの一行も悲しみ、怒り、慟哭(どうこく)した事を私は書きました。それから更に長い年月が経って、いまから百年ほど前に、やはり同じ様な思いを持った外交官夫妻がいた事を、ここに紹介したいと思います。

1919年3月1日に韓国で大規模な独立運動が起きました。いわゆる三・一独立運動です。それを見た米国のウィリアム・クロジア大使夫妻は、なぜこれほどまでに朝鮮人は激しく日本に対し怒り、抵抗するのか不思議に思い、京都に耳鼻塚があることを知ってその地を訪れました。そして耳鼻塚を目の当たりにして、このような残酷な歴史を遺跡として残しておいてはいけない、また、それをあたかも戦果のように誇って明治政府の軍国主義をあおるような宣伝、広告をしてはいけない、この耳鼻塚は一日もはやく朝鮮に返還するか、それが無理なら目につかない場所に移転すべきだ、という思いを抱きました。そして朝鮮に戻って、その事を当時の斎藤実（まこと）朝鮮総督に進言したのです。

その進言を受け取った斎藤実朝鮮総督は、抗日運動の鎮静化のためにも、そして国際批判を招かないためにも、そうすべきだと考えました。

実際のところ、三・一独立運動は、日本国内だけではなく、世界に影響を与えました。中国では１９１９年5月に五四運動（ごしうんどう）が起きました。これは、１９１９年のパリ講和会議の結果に不満を抱いた中国で起きた抗日、

斎藤総督の京都府知事宛の手紙

反帝国主義運動でした。

またインドではガンジーの不服従・非暴力運動（サティヤーグラハ運動）が起きました。

米国大使のみならず大使夫人まで耳鼻塚に対して懸念を持ったことに神経質になった斎藤実朝鮮総督は、馬淵鋭太郎京都府知事に手紙を送り、大使夫妻の意向を汲んで、耳鼻塚の移転と耳鼻塚に関する関連ポスター、広告自粛について善処するよう求めました。

それにもかかわらず、最終的には水野錬太郎内務大臣の判断で、京都の耳鼻塚はそのままにされたのです。

こうして百年前の米国大使夫妻の進言は活かされないまま今日に至っています。(4)

そんな時、私は偶然にも、一人の日本の元外交官に出会いました。去年（2019年）の事です。

その元外交官は、2003年の米国のイラク攻撃に反対して当時の小泉純一郎首相から辞任を迫られた元駐レバノン国特命全権大使の天木直人という人であることを私は後で知りました。いまは外交評論家として日本の平和外交の重要性を訴えているそうです。

その天木さんが、自分は中学から大学まで10年近く京都で過ごしたのに、京都に耳鼻塚がある事を全く知らなかった、おそらく多くの日本人も私と同様に知らないだろう。京都の耳鼻塚の存在とその歴史を、一人でも多くの日本人に知ってもらう必要がある、そう言って私に京都の耳鼻塚についてわかりやすい解説書を書くことを勧めました。私がこの文章を書くことにしたのは、そんな天木さんの勧めがあったからでした。

天木さんは、私の文章を使って、日韓関係の改善を訴える本を編集、出版すると約束してくれました。

100年前に米国の外交官ができなかった事を、日本の元外交官が100年後に実現しようとしているのです。私はここに不思議なめぐりあわせを感じました。そしてそこに希望を見つけたのです。

(4) 仲尾宏「鼻塚から耳塚へ」『民族文化教育研究』1998, p.60-61

6

明治政府に再評価された豊臣秀吉の朝鮮出兵

豊臣秀吉は1597年、朝鮮出兵から帰ってきた武将たちに命じて、塩漬けにして持ち帰った朝鮮軍民の耳や鼻を木箱に詰め込み、荷車に載せて、京都洛中を行進させせました。そうすることにより豊臣秀吉は、京の都で自身の権勢を誇示しようとしたのです。

そしてその後、豊臣秀吉は、京都五山禅宗、相国寺の西笑承兌に命じて、耳鼻を東山大仏の前に埋めて耳鼻塚を作らせました。配下の禅宗僧侶のうち、義演の残した『義演准后日記』を見ると、こう書かれています。

慶長二年九月十二日条

「伝聞、従高麗耳鼻十五捕上云々則大仏近所築塚埋之合戦日本大利得ト云々」

すなわち、高麗（朝鮮）戦争より耳鼻十五桶を持ち帰って大仏近所に塚を築き、これを埋めて、合戦は日本の大勝利を得た、といった趣旨が書かれています。

京都の耳鼻塚は、供養のためにつくられたということになっています。耳鼻塚をつくるように命じられた僧侶たちは、さすがに供養のつもりで耳鼻塚をつくったと思います。しかし耳鼻塚をつくるように命じた豊臣秀吉の頭の中に、本当に供養する気があったかどうかは疑わしいと思っています。むしろ、京の都において朝鮮出兵の戦果を誇示し、自らの権勢を見せつけようとしたのではないでしょうか。

少なくとも韓国人はみなそう思っています。そもそも、朝鮮に出兵し、多くの朝鮮人の殺戮を命じ、その戦果として耳鼻を削がせて褒美を与えようとした豊臣秀吉が、何をいまさら犠牲者を供養する、などということが言えるのか、そういう思いで韓国人は耳鼻塚を見ているのです。

そして、耳鼻塚の供養にはもうひとつの考えが豊臣秀吉にはあったと思われます。削ぎ取った耳鼻は、それが戦果として認められ、褒美が与えられた時点で、豊臣秀吉にとっても、そして、それを削ぎ取ってきた武将たちにとっても、もはや何の価値もありません。用済みなのです。だからといって捨ててしまうわけにもいかない。そんなことをすれば怨念に苦しめられる事になるからです。だから塚を作って供養をする格好

朝鮮人の耳鼻を載せて京都を行進した模様を示した絵

にして封じ込めようとしたのです。

それでも豊臣秀吉は怨霊に苦しめられたようです。だからその怨霊が出てこないようにさらに封じ込めようとした。それが、京都の耳鼻塚の頂に乗せられた大きな五輪の石碑だと韓国人は皆思っています。

そうではない。あれは日本の墓の形だという事かもしれません。しかし塚の上に大きな石碑を乗せるなどということは、少なくとも韓国の供養の作法にはありません。重要なことはお墓の作り方が日本と韓国で違うかどうかではありません。あの大きな石碑は犠牲者の魂を抑えつけている、死んでもまだ死者を苦しめている、京都の耳鼻塚を見るたびに韓国人はそう思って心を痛めているのです。その事を日本の皆さんに知ってもらいたいのです。

こうして造られた京都の耳鼻塚は、しかし、徳川家の江戸時代の260年間は、さほど関心を払われることはありませんでした。徳川家康が豊臣秀吉を評価しなかったからです。

ところが、明治になってから豊臣秀吉は再評価されるのです。すなわち明治時代に、耳鼻塚の近くにあった方広寺というお寺が豊臣秀吉の廟として豊国神社につくりかえられ、豊臣秀吉の武勇が称えられました。

そして、徳川家康によって破壊された豊臣秀吉の墓が修復されました。

そして、日清戦争、日露戦争の士気を鼓舞するかのように、豊臣秀吉の朝鮮出兵が日増しに歌舞伎などで宣伝されるようになったのです。

豊臣秀吉の三百年忌にあたる明治31（1898）年には、京都の耳鼻塚が修復され、まわりを取り囲むように多くの「耳塚修営供養碑」という石柵が建てられました。

それら石碑を注意して見ますと、当時の日本の有名な歌舞伎役者の名前が刻まれているのがわかります。歌舞伎と耳鼻塚の組み合わせは奇異な感じがしますが、それは豊臣秀吉を再評価した明治政府が、民衆に人気のある歌舞伎に注目し、豊臣秀吉を太閤として称える芝居を行うよう命じたからです。

また石柵の中には、侠客の名前もあります。これも奇異な感じがしますが、私が調べたところでは、京都伏見の小畑岩次郎という侠客が耳鼻塚の壊れた木の柵を石柵につくりかえるよう、「太閤記」を上演した歌舞伎役者に呼びかけて修理させたということがわかりました。

碑文の中には、敵であっても自分の国のために犠牲になった人間の尊厳を高く評価する内容が書かれているものもあります。中には鎮魂の言葉もあります。しかし、そのほとんどは、日本の国力を誇示することによって、大陸侵略の成功を願うものばかりです。

まさしく豊臣秀吉の朝鮮出兵と「戦果」としての耳鼻塚は、明治維新の富国強兵政策と大陸進出に利用されたのです。

史跡方広寺石塁および石塔（昭和44年4月12日）

「耳　塚」

この塚は、16世紀末、天下を統一した豊臣秀吉がさらに大陸にも支配の手をのばそうとして、朝鮮半島に侵攻したいわゆる文禄慶長の役（朝鮮史では、壬辰・丁酉の倭乱、1592～1598年）にかかる遺跡である。

秀吉輩下の武将は、古来一般の戦功のしるしである首級のかわりに、朝鮮軍民男女の鼻や耳をそぎ、塩漬にして日本へ持ち帰った。それらは秀吉の命によりこの地に埋められ、供養の儀がもたれたという。これが伝えられる「耳塚」のはじまりである。

「耳塚」は、史跡「御土居」などとともに京都に現存する豊臣秀吉の遺構の一つであり、塚の上に建つ五輪の石塔は、その形状がすでに寛永20年（1643）の古絵図にみとめられ、塚の築成から程ないころの創建と想われる。

秀吉が惹き起こしたこの戦争は、朝鮮半島における人々の根強い抵抗によって敗退に終ったが、戦役が遺したこの「耳塚」は、戦乱下に被った朝鮮民衆の受難を、歴史の遺訓として、いまに伝えている。

昭和54年（1979）10月

京　都　市

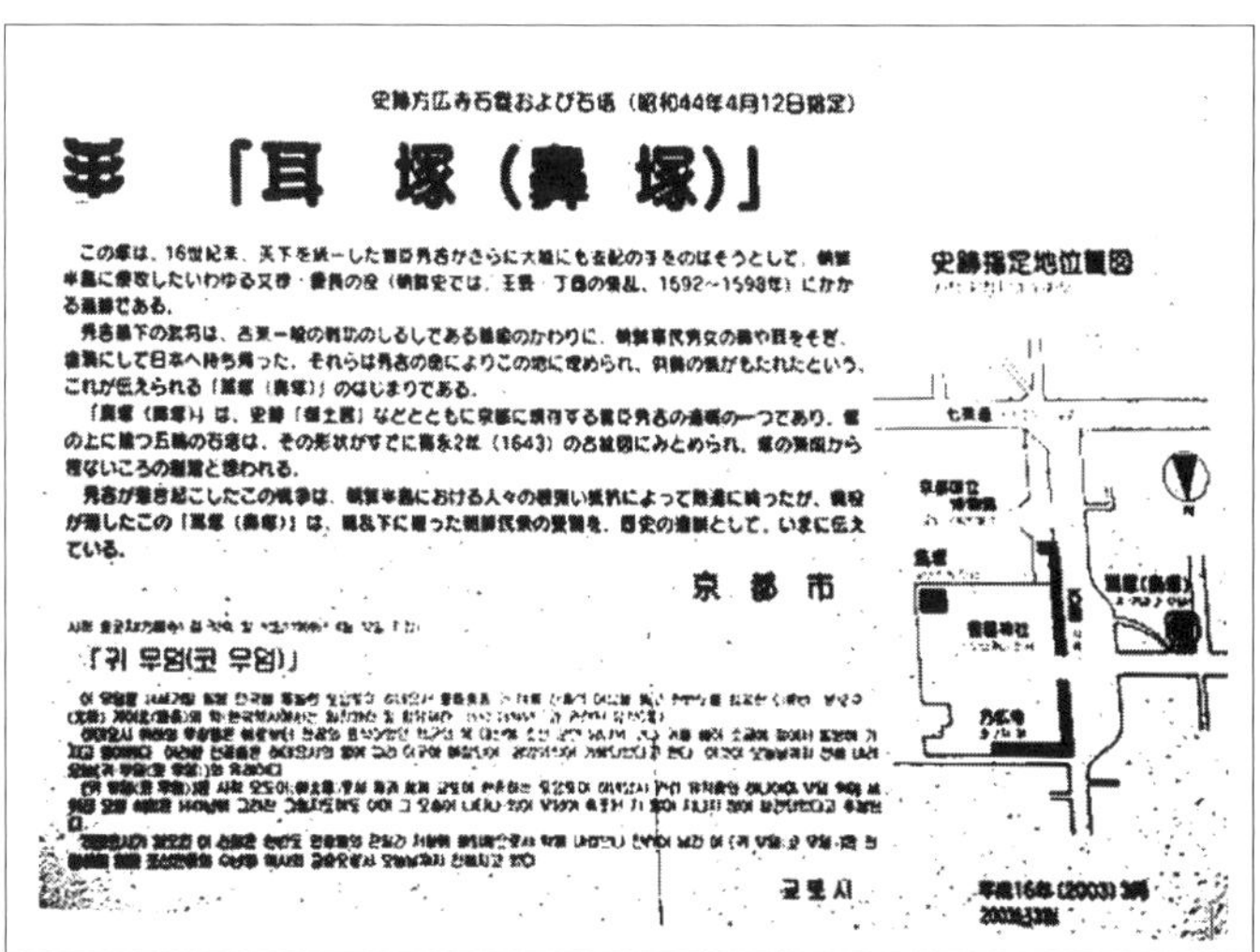

史跡方広寺石塁および石塔（昭和44年4月12日指定）

「耳　塚（鼻　塚）」

この塚は、16世紀末、天下を統一した豊臣秀吉がさらに大陸にも支配の手をのばそうとして、朝鮮半島に侵攻したいわゆる文禄・慶長の役（朝鮮史では、壬辰・丁酉の倭乱、1592～1598年）にかかる遺跡である。

秀吉配下の武将は、古来一般の戦功のしるしである首級のかわりに、朝鮮軍民男女の鼻や耳をそぎ、塩漬にして日本へ持ち帰った。それらは秀吉の命によりこの地に埋められ、供養の儀がもたれたという。これが伝えられる「耳塚（鼻塚）」のはじまりである。

「耳塚（鼻塚）」は、史跡「御土居」などとともに京都に現存する豊臣秀吉の遺構の一つであり、塚の上に建つ五輪の石塔は、その形状がすでに寛永20年（1643）の古絵図にみとめられ、塚の築成から程ないころの創建と思われる。

秀吉が惹き起こしたこの戦争は、朝鮮半島における人々の根強い抵抗によって敗退に終ったが、戦役が遺したこの「耳塚（鼻塚）」は、戦乱下に被った朝鮮民衆の受難を、歴史の遺訓として、いまに伝えている。

京　都　市

「귀 무덤(코 무덤)」

교토시

京都の耳塚の前に置かれている旧掲示板（上）と現在の掲示板

現在の掲示板

京都の耳塚を訪れる韓国からの参拝客に説明する筆者

7

提言—日本人の手による耳鼻塚の鎮魂・供養のすすめ

さて、私の提言を述べる時が来ました。

提言といっても大げさなものではありません。

耳鼻塚の存在を今を生きる日本の人たちが知り、そして日本人としてその魂を正しく鎮魂・供養していただければ、それが日韓関係の改善のきっかけになるというものです。

私は、個人的には、京都の耳鼻塚を含め、日本に存在する耳鼻塚を最終的には朝鮮半島に移し、そこで朝鮮人が心おきなく弔う事ができるようになることが一番いいと思っています。

しかし、これにはいくつかの困難があります。

日本側にしてみれば、たとえ負の遺産であるとしても、歴史的遺跡を韓国に渡すという事に反対する人がいると思います。ましてや日本人の多くが英雄視している豊臣秀吉の残した遺跡を、なぜ韓国に渡さなければいけないのかと反対する人はいると思います。

そのような日本側の問題に加えて、韓国側の問題もあります。

一つには、韓国内で韓国に耳鼻塚を移す事に反対する人たちが、少数ですが、存在するということです。反対する人たちは、耳鼻塚をいつまでも日本に持たせて、過去の過ちを決して忘れさせないようにした方がいいと考えるのです。

私はこのような考えに賛成しませんが、そういう考えの人たちが、たとえ少数であっても韓国に存在する以上、移すことは困難です。

もう一つの理由は、かつて一つだった朝鮮が今は韓国と北朝鮮という二つの国に分断され、しかもその関係がいまでも対立状態にあるという国際政治の現実です。

耳鼻塚に埋められている犠牲者は、韓国だけではなく北朝鮮の人たちの祖先も含まれているわけですから、京都の耳鼻塚を移すといっても、どこに移すかは大きな政治問題になるでしょう。

実際のところ、京都にある耳鼻塚の慰霊式も、韓国側（民団）と北朝鮮側（朝鮮総連）が別々に行ってきました。

こう考えると、個人的には最終的に耳鼻塚は韓国に移したほうがいいと考える私ですが、それをここで提案する事はできません。

いつの日か、日本と韓国が真に和解し、そして南北融和が進み、日本と韓国、北朝鮮の三か国の平和が実現し、皆が賛成する形で耳鼻塚が朝鮮半島に移される事を願うしかありません。

私が提案したい事は、日本人が耳鼻塚を遺跡として持ち続けるのであれば、日本の人たちが、日本人の手で率先して耳鼻塚を鎮魂・供養していただきたい、それを日本政府や京都市がいますぐ出来なくても、日本人の中からそのような事を始める人が出てきてほしい、それだけです。

それは、間違いなく韓国の人たちを喜ばせるでしょう。

そして、そうすることで日韓の両国の国民の間で和解が進めば、日韓両国の政府間の和解を促すでしょう。

京都の耳鼻塚については、これまで韓国人や朝鮮人が、それぞれ、京都の耳鼻塚の前で年に一度慰霊式を行ってきました。

それは、異国に残された自国民の祖先の霊を慰霊するわけですから、いわば当然の事です。

そして3年前にはじめて、京都の一人の女性の働きかけにより韓国の慰霊式に日本の人たちが参加するようになり、それが韓国側の歓迎するところとなりました。

それはよかったと思いますが、韓国側の慰霊式とは別に、やはり日本人が主催する形での慰霊式が行われてはじめて、本当の意味での鎮魂・供養になると思います。そして、それは日本にとっても良いことだと思うのです。なぜなら魂の鎮魂はいつの時代でも、洋の東西を問わず、みずからも救われるからです。


最後に、岡山県津山市の東一宮にある耳地蔵について提言をして、私の文章を終わらせていただきたいと思います。

私は日本に留学し、滞在している間、学業の傍ら日本全国に存在している耳鼻塚について調べました。その結果、京都の耳鼻塚の外に、岡山に二カ所、福岡、対馬にそれぞれ一カ所ずつあることを見つけました。福岡と対馬の耳塚については、いますぐ手をつける余裕はないと思いますが、岡山県津山市の東一宮に放置されたままの耳塚については、ぜひ早急に整備し供養していただきたいのです。

その理由をこれから説明させていただきたいと思います

私は津山市東一宮に耳塚が放置されている事を見つける前に、同じ岡山県の備前市に、鼻塚と呼ばれるものがある事を見つけ、それを世の中に知らせました。

そして、それを知った韓国の僧侶が供養を提唱し、その提唱に日本の僧侶たちが呼応し、最終的には日韓両国の関係者の尽力でその鼻塚を整備し、その一部を韓国に移して韓国人の手であらたな鼻塚をつくるとともに、備前の跡地に記念碑をつくって今日に至っています。

いまでは供養者だけでなく観光客も訪れるほどになっています。1994年の事でした。

ところが喜んだのも束の間で、その2年後に、同じ岡山県の、今度は津山市の東一宮に耳塚があることを知りました。以来、この津山市東一宮で見つかった耳塚の整備と供養は私にとって悲願となりました。

津山市東一宮の耳塚の話をする前に、岡山県備前市で成功裡に終わった鼻塚の供養について、もう少し話をさせていただきたいと思います。

私が岡山県の備前市に鼻塚があることを発見し、多くのメディアがそのことを報道したのは1993年の事でした。そしてその報道がきっかけで、鼻塚の残忍性が世界に伝わり、報道で知った韓国の寺院が、こういう残忍な歴史は二度と繰り返してはいけないと、日本で鎮魂式をおこないました。

大韓仏教慈悲寺の僧侶の朴三中は、報道後の翌日の１９９３年11月26日に、霊魂を弔いたいという一心で、無一文のまま日本行きの飛行機に乗り、岡山県備前市の現地に到着しました。霊魂を鎮魂したいと願った私も、鼻塚の前に駆けつけました。

ニュースを知って共感した40名の人たちもまた韓国から航空便で岡山県の備前市までやってきました。

そして韓国人だけではなく、岡山の地元の人たちや岡山のお寺の方々の募金がたくさん集まりました。多くの人が供え物を提供して参加してくれました。

韓国と日本の僧侶が約４００年ぶりに霊魂に向かってお詫びの念をこ

めて慰霊式を行い、地中に眠っている霊魂を韓国に送還することを約束して、韓国の僧侶たちは帰国しました。

帰国後、霊魂との約束を早いうちに果たすために、韓国では墓地探しが始まり、犠牲者の特に多かった韓国全羅北道扶安郡上西面胡伐峙に、墓地が見つかり、そこに安葬することにしました。

こうして1994年5月30日、韓国と日本の民間の諸団体が協力しあうことによって備前市の鼻塚問題が解決したのです。

その時、格別にご協力いただいた日本の団体と人物は、仏教界の宗団をはじめキリスト教の団体の方々でした。その中でも、真言宗の柿沼洗心様には、物心両面から特段の援助をしていただきました。私にとって柿沼洗心様は、主催者の韓国慈悲寺の朴三中僧侶とともに、決して忘れる事の出来ない人物となりました。

私が岡山県津山市東一宮にもうひとつの耳塚があることを知ったのは1996年でした。備前市に鼻塚を見つけ、それを正しく鎮魂・供養して安心したと思ったら、わずか2年後に同じ岡山県でもうひとつの耳塚が発見されたのです。しかもその場所は鼻塚のある岡山県備前市香登からさほど遠くない津山市東一宮だったのです。

津山市東一宮で見つかった耳塚は、岡山県備前市で見つかった鼻塚よりも、その保存・管理状態があまりにもみすぼらしく、不備でした。そして私もそれに手をつける必要性を感じながら、そのうち韓国に帰国せざるを得なくなり、結局、何も出来ないまま今日に至っています。

こんな状態で400年以上も見捨てられたままになっていることを思うと心が痛みます。一日も早く整備しなければいけないと思います。そのためには、まずその土地の所有者を探し出し、その方の理解と協力を得る必要があります。

私は２０１９年11月に津山市の耳塚を久しぶりに訪れました。以前お世話になった人の消息がわからなくなっていたので、市役所を通じて耳塚に関心をお持ちの現職の市会議員の一人を紹介していただき、知り合いになることができました。初対面にもかかわらず、その方は親切に対応してくれました。津山市東一宮の耳塚については、その方も何とかしたいとかねてから考えておられたそうです。今後はその方を含め津山市東一宮の有志の人たちの協力を得ながら対策を進めていけばいいと思います。

津山市東一宮の耳塚のある場所は、いまでこそ、まわりがすべて住宅になりましたが、私が見つけた当時は、まわりはまだ家が建っていない田んぼで、案内板がなければ、一目ではこれが耳塚であるということが分からないほどでした。そして案内板には次のように、耳地蔵であると、書かれていました。

岡山城主宇喜多秀家の家臣中島孫左衛門は朝鮮出兵の際、討ち取った朝鮮人の耳切りをし、戦功の証とした。軍令とはいうものの、誠に悲しいことゆえ、帰国後、塚を造って〝耳地蔵〟と言い、朝鮮人の霊位を弔った。

松岡三樹彦 記

調べた結果、この耳地蔵をつくったのは、豊臣秀吉の命令で耳を切り落として持ち帰った中島孫左衛門という人物であることがわかりました。

そして、この案内板を書いた松岡三樹彦という人物は、中島氏が朝鮮

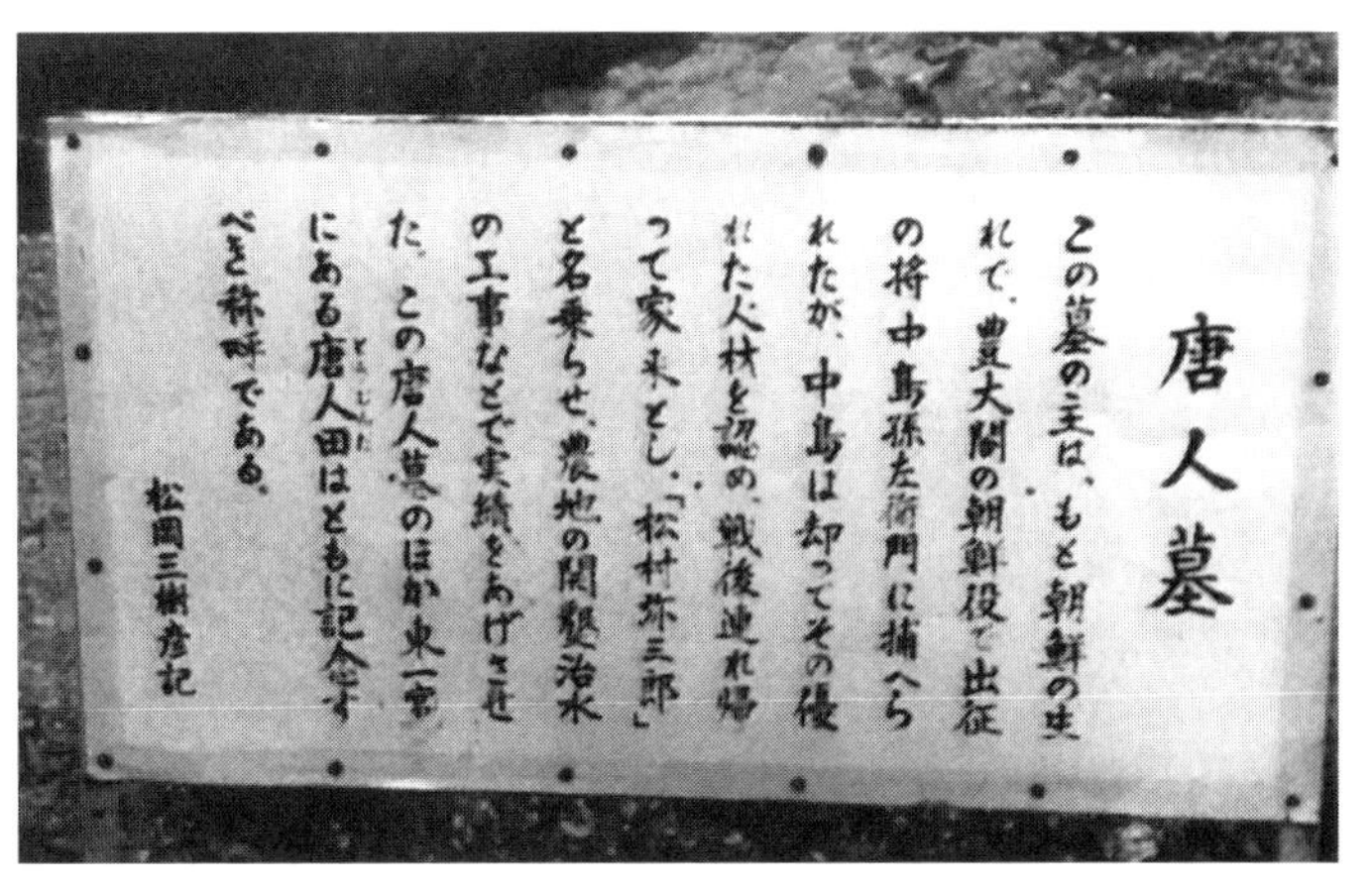

から捕虜として連れてきた一人である劉泌という朝鮮人の末裔で、すでに郷土史学者となった人物であることが津山郷土資料館にある『松村彌三郎古文書』によってわかりました。この古文書には〝岡山城主の宇喜多秀家の陣に参加した中島は帰国の際、全羅道松縣城で劉安・劉泌兄弟を捕虜にして中島の屋敷に連れ帰った。荒れ地を切り開いて農地開発など地域社会に貢献した人々である。全羅道の松縣出身であることから名字を松村と改姓し、彼の末

裔の松岡三樹彦が祖先の業績を記した〟と書かれています。

私は中島孫左衛門の生家を訪ねました。そこに次のような案内板がありました。

〝此処は藩政時代に大庄屋として此の地方の支配を受持っていた中島氏累代の屋敷跡である。中島氏は戦国末期に此処に住んで附近を鎮め、孫左衛門の時領主宇喜多氏に従って朝鮮役に出陣したが、其の役後は、武を捨て、営農に励み、森・松平の両侯のもとで大庄屋となり二百六十九年の間、其の職を世襲し農村の発展民利の増進の実を挙げ郷土繁栄その基礎を築いた。その担当地域は一宮構と呼ばれ、東一宮・西一宮)・大田・粗保・上横野および下横野の六ケ村で、此処が支配の中枢であった〟

すなわち、中島氏は岡山城主の宇喜多秀家の配下としてこの地域の兵士を率いて朝鮮に出兵した武将であり、帰国後、武将の身分や、刀をは

中島の邸跡と行跡の案内板

じめあらゆる武器を捨て、平凡な一人の農民に戻って農村社会文化を啓蒙する指導者となった人であることがわかりました。その中島氏が耳地蔵をつくったのです。

津山市東一宮の耳地蔵についてはこれ以上の事はわかりませんでした。そして写真で見られるようなまことに粗末な状態にあります。耳塚全体の延べ坪は推量で10坪から15坪の広さで、そこに三つの碑石が建てられています。碑石の横には耳・鼻・首を象徴する石

耳塚を造って、その象徴に吊している朝鮮人の耳

を吊した木柱が立っています。

京都の耳鼻塚の鎮魂・供養と並んで、ぜひとも日本人の手で、この岡山県津山市東一宮の耳地蔵の整備と鎮魂・供養を行っていただきたいと思います。

새로발견된 쓰야마의 귀무덤과 안내판

あとがき

以上が、私が日本人の皆さまにお伝えしたかった、耳鼻塚に関する私の解説文です。

最後に私の自己紹介を兼ねて、私と日本とのかかわりについて、ひとことお話ししたいと思います。

私は原子爆弾が投下された広島で生まれました。私たちの家族は万死に一生を得ることができましたが、これは決して偶然ではなく、神の加護によって生かされたと思っています。そしてこうして耳鼻塚について日本の皆さんに私の思いを伝える機会が与えられたのだと思っています。

戦後、在日朝鮮人はわれ先にと帰国の途につきました。無許可のまま小型船舶に乗って帰国中、目の前で沈没することも多く、あの時の悲惨な状況を両親からよく聞かされました。

帰国後も両親は日本語を話し、所帯道具は家具をはじめ日本から持ってきたものを大切に使っていたので、私は韓国に帰ってからも日本に住んでいた頃とかわりない環境で育ちました。

そういう環境の中で育った私は、日本と日本の歴史に関心を持ち、韓国で大学を卒業し、韓国の徴兵制度の下で服務していた時も、日本留学を目指して勉強を始めました。日本史を勉強することによって、朝鮮から渡った日本の文化にも興味を持ちました。そして1979年8月10日、青雲の志を抱いて日本留学の途についたのです。

その時はすでに日韓基本条約が結ばれ国交が正常化されて10年以上が経っていた時でした。日本と韓国の文化交流も始まったころでした。

しかし日本留学は順調には進みませんでした。金大中拉致事件（1973年8月8日）や朴正煕大統領暗殺事件（1979年10月26日）などが相次いで起きた事もあり、韓国に対するイメージが非常に悪かったからです。

そんな私は、京都大学文学部の研究生の時、京都の耳鼻塚の近くに住んでいたので耳鼻塚に興味を持ち、本格的に耳鼻塚のことを研究しました。それはしかし、つらく悲しい事でした。

耳鼻塚の研究中に、岡山に鼻塚があるという事を知り、数回に渡って現地調査を行い、鼻塚を作った武将の後裔に逢って、それが壬辰の倭乱（文禄の役）の犠牲者の鼻塚であることを確認し、発表しました。

それがニュースになり、数多い仏教関係者の方々の協力を得て慰霊式を行い、そして一部を韓国に移送して韓国に鼻塚をつくったことは本文で書いた通りです。

この作業の下準備をしていた私は、鼻塚をつくった武将の後裔の家で泊らせてもらう時がありました。そんなある日、夜12時ごろ、寝入ると不思議な夢をみました。韓服姿の緑豆将軍・全琫準（筆者註：1894年6月21日、日清戦争の際、日本軍と戦った甲午農民軍の義兵将）が身体血まみれになって、筆者の泊る一階の部屋にドアを開けて入ってきたのです。寝惚け眼で「緑豆将軍ではありませんか」と尋ねたら「然り」と言って、「武将の後裔は何処じゃ」と訊ね返されました。私は仰天して「はい、二階にいます」といったら「我、あの人に逢わんとぞ思う」と言いながら二階に上がりました。暫くたった後、一階に戻る緑豆将軍の血まみれの服は白衣姿となっていました。そして「お暇する。用は済んだ。後を頼む」とお手洗いに入っていこうとしたので、慌てた私は「そこはお手洗いですが」というと、「我、行くところは別にある」と言って消えたのでした。実に世にも不思議な夢でした。

その翌日、鼻塚の送還行事は盛大に終りました。もしかすると、岡山・備前の鼻塚を韓国へ送還することが無事に出来たのは、朝鮮近代史における大人物、緑豆将軍・全琫準の力添えではなかったかと当時を振り返ってそう思うのです。

私の耳鼻塚についての解説文が一人でも多くの日本の皆様の目に触れ、日韓関係の改善に少しでもお役に立てるとすれば、私が今日まで生かしてもらったことにも意味があると思っています。

頂に置かれている五輪塔を見るたびに、死してなお魂が抑えつけられていると、韓国人は皆、心を痛めるのです。

特別寄稿

【特別寄稿──①】

私が「京都から世界に平和を広める会」をつくろうと決心した理由

小椋　正恵
京都仏教クラブ正会員
京都平和の会会長

はじめまして。私は京都の一市民である小椋正恵と申します。

このたび、金文吉先生が日本国民に向けて、京都の耳鼻塚について解説文をお書きになる事を知って、まことに時宜を得た喜ばしい事だと心から喜んでおります。

と、申しますのも、私もまた金文吉先生のおっしゃるように、耳鼻塚の鎮魂・供養こそ人間としてなすべき本来の善行であり、そしてまた、日本と韓国の未来に向けた平和で友好的な関係をつくる上で、私たちができる最善の方策であると信じるからです。

小椋正恵さん

私も、長年京都に住んでいたにもかかわらず、京都市内に耳鼻塚の遺跡があったということを3年前までは知りませんでした。

たまたまその年に、私は京都に住んでいる韓国の知人から、韓国の人たちによる年に一回の耳鼻塚の慰霊式に誘われて知りました。

そして、その慰霊式に京都市民が参加していない事を知って、これではいけないと思い、京都市や、私が所属していた京都の仏教クラブの方々を含めた多くの人たちに呼びかけて参加してもらい、韓国の人たちから大変喜ばれました。

当時私が行った事は、なにしろ初めての事でもあり、メディアからも取り上げてもらいました。しかし、その後は、ふたたび日本人の参加は先細りになり、もとの韓国の人たちによる慰霊式に戻ろうとしています。

それ以来、私はずっと考えてきました。韓国の人たちが自国民の犠牲者を鎮魂・供養するのは当然ですが、なぜ、その犠牲者の霊が埋められている耳鼻塚を遺跡として持ち続けている京都市や京都の人たちが、自らのつとめとして慰霊式を行おうとしないのでしょう。それはやはりおかしいと思うのです。平和を願う日本人であれば、なおさら手を合わせなくてはいけないと思うのです。

それが今まで行なわれてこなかった理由は、われわれ日本人が、そして耳鼻塚を遺跡として持っている京都の人たちさえも、この耳鼻塚の遺跡の存在を知らないからだと思います。

知れば何もしなくていい、とはならないと思います。

その意味からも、金文吉先生がこのたび日本人のために耳鼻塚の事について解説する文章をお書きになったことはとてもよかったと思っています。しかし、私は同時になやみました。京都や日本の人たちがこの耳鼻塚の存在を知れば知ったで、耳鼻塚の鎮魂・供養にしり込みされるのではないかと思ったのです。

豊臣秀吉といえば私たち日本人にとって人気の高い歴史上の人物であ

り、英雄です。その豊臣秀吉が朝鮮を侵略したのです。武将たちに朝鮮出兵を命じ、その過程で、ここまで残虐な事をしていたのです。いくら400年以上も前の出来事であるとしても、やはり日本人にとっては知りたくない事です。

さらに、それから300年以上たって、明治政府は再び朝鮮に出兵し、朝鮮を併合しました。

そして、その歴史の過程で起きた不幸な出来事をめぐって日韓関係は常に難しい関係にありました。そしていま、日本と韓国は、この歴史問題をめぐって最悪の状態にあります。

つまり京都の耳鼻塚は、きわめて今日的な政治問題に絡んだ遺跡であるのです。

そんな問題にかかわりたくないと思うのは当然です。

2014年の慰霊祭にて。尹道心さん（左から5人目）、小椋正恵さん（右から4人目）。

京都の耳鼻塚は、多くの日本人や京都の人たちにとって知りたくない、関わりたくない遺跡なのです。

だから、それをあえて日本人に知らせ、ましてや慰霊式を行おうと呼びかける事に私はためらいがありました。

しかし、私も70歳も半ばを過ぎました。

私に残された時間は多くありません。

私は決心したのです。政府や京都市が直接関与することは難しくても、われわれ一般市民ならそれが出来ます。われわれが率先して耳鼻塚の鎮魂・供養を行う事によって、それが韓国のひとたちの歓迎するところとなり、結果として日韓両政府を動かし、そして日韓関係の改善と、将来にわたる友好関係の構築に寄与できるのなら、これ以上やりがいのあることはないと思ったのです。

幸いにも京都仏教クラブの長年の会員である私は、京都仏教クラブの前会長である大谷義博西徳寺最高顧問と相談する機会に恵まれ、大谷最高顧問から、様々な意見があるだろうから京都仏教クラブの総意として鎮魂・供養は出来ないと思うが、私個人としてはそうしたい、二人だけでも耳鼻塚の鎮魂・供養をしよう、とおっしゃっていただきました。

そんな私は、昨年7月に参議院選挙の遊説で京都に来ていた新党憲法

9条の代表である天木直人さんと出会いました。天木さんの遊説を聞いて、選挙で平和しか訴えない候補者がいることに驚きました。平和を訴えて選挙に勝てる候補者など見た事がなかったからです。

案の定天木さんは落選しました。しかしその遊説の中で天木さんはアジアとの平和共存の必要性を繰り返し訴えておられました。天木さんこそ私が相談する人だと思い相談したところ天木さんは、出来る限りの協力をしますと仰ってくれました。

こうして私は仏教界の大谷義博名誉顧問と外交の専門家である天木直人さんという、これ以上ない二人の協力者を得て、「京都から世界に平和を広める会」という非政府組織を立ち上げる事を決意したのです。

この会の目的はただひとつ、京都の耳鼻塚の鎮魂・供養を通じて、日本と韓国の友好関係の実現を、政治から離れた一般国民、市民の手で目指し、それを若い世代に引き継ぐということです。

そして私は、その活動の中で、どうしても実現したい私の個人的思い入れがあります。それは、金文吉先生が解説論文の中で指摘されている岡山県の津山市東一宮で見つかった耳塚（耳地蔵）の鎮魂・供養です。

というのも、岡山は私の父親とその祖先の出身地であり、祖先のお墓があります。これも何かの縁だと思って、私は京都の耳鼻塚の慰霊式を始めることとあわせ、津山市東一宮の耳塚を整備し、そこに埋まっている魂の鎮魂・供養をしたいと思います。

私はとりあえず行動を起こしました。しかし私も、私を支えてくださる大谷様も天木様も、皆70歳超えた高齢者です。いくら元気でも時間は限られています。「京都から世界に平和を広める会」は、私たちと同じ思いと情熱を持った若い人たちにバトンタッチして発展させていかなければばいけないと思っています。その人たちを見つける事も私たちの重要な仕事だと思っています。

どうか力を貸していただきたいと思います。

【特別寄稿──②】

京都の耳鼻塚の慰霊式に携わって

一般社団法人
日韓伝統文化絆の会代表理事
茶道家　尹　道心

私は、韓国茶道家の尹道心と申します。40年前に来日して京都市東山区に住んでいます。

このたびは、京都の耳鼻塚の鎮魂・供養の必要性を日本の人たちに訴える本が出版され、そして日本の人たちの手によって耳鼻塚の鎮魂・供養を始める目的で「京都から世界に平和を広める会」が出来た事を心からお喜び申し上げます。

豊臣秀吉によって引き起こされた壬辰倭乱（１５９２年）は日本が韓国を侵略し、多くの犠牲者を出した悲惨な戦争でした。

そして、京都の耳鼻塚は、その時、戦利品として削ぎ落された朝鮮の義兵や民間人の耳鼻が埋葬されている悲しい塚です。

京都市東山七条にあるこの耳鼻塚は、在日民団、朝鮮総連など韓国の色々な団体が毎年秋に慰霊式を行い鎮魂・供養してきました。

私がこの慰霊式に直接関わったのは、２００２年に京都の智積院で行われた壬辰倭乱（１５９２年）４１０周年記念行事がきっかけでした。

この行事は、この本の寄稿者の一人である李龍河さんが会長である当時の日韓両国の武将、義兵たちの子孫の懇親会が主催するシンポジウムでしたが、そのシンポジウムの際に京都の耳鼻塚の前で慰霊式が行われ、私が李龍河会長から頼まれて献茶を供えたのがきっかけでした。

以来私は、毎年行われてきた韓国側（民団）による慰霊式に参加してきました。

そして、2014年の慰霊式から、私は、私の指導教授である金文吉教授の薦めもあって、「社団法人ギョレオル活動国民運動」（この団体は伝統文化を尊重する韓国の非営利団体で2003年4月25日創立）の京都支部長として慰霊式を積極的に担うようになりました。

そうしたなかで、私は小椋正恵さんと知り合い、小椋さんのご尽力により2018年の慰霊式に、はじめて大勢の日本人の参加を得て、慰霊式を盛大に行う事が出来て、日韓親善に貢献しました。

もし日本側としても慰霊式を行うようになり、やがてそれが日韓の合同

サルプリ（慰霊の舞）

の慰霊式として発展していけば、日韓親善はゆるぎないものに発展していくと思います。

その意味で、このたび、小椋さんが「京都から世界に平和を広める会」を立ち上げ、率先して耳鼻塚の鎮魂・供養を始めようとしている事を知り、素晴らしいことだと思い、その思いを伝えたくて、こうして新たに出版される本の中に寄稿者の一人として名を連ねさせていただき、メッセージをお伝え出来る事を喜んでいます。

この動きが日本で広まり、韓国の知るところになれば、韓国の人たちは歓迎し、支援の手を差し伸べてくれるでしょう。

そのような日韓両国民の動きがそれぞれの政府を動かし、日韓関係の真の改善に発展していく事を願います。

【特別寄稿――③】

金文吉先生の「魂の叫び」に共鳴する

金城　実
沖縄在住の彫刻家

私は金文吉先生とは一面識もない。しかし、金文吉先生が「京都の耳鼻塚」で訴えておられる魂の叫びは、まさしく琉球沖縄の魂の叫びであると深く共鳴し、ここに私の思いを読者にお伝えしたい。

なぜ私が金先生の訴えに強く共鳴するのか、その理由は三つある。そしてそれらは不可分一体となって結びついている。

ひとつは、魂を鎮魂・供養する事の重要性である。

これは洋の東西を問わず、また時代を超えて共通する人間の尊厳にかかわる問題なのである。

私はいま、京都大学を相手に行われている琉球人遺骨返還訴訟に、原告の一人として参加している。この琉球人遺骨返還訴訟とは、京都大学が学術研究と称して1928年—29年に沖縄から遺骨を掘り起こし、京都大学に持って帰り、いまでも保管していることを報道で知った子孫たちが京都大学に返還を求めたが拒否され、やむを得ず、2年ほど前から返還を求めて起こした訴訟である。

しかし、京都大学は、学術研究の重要性を理由に、いまでも遺族の返還要求に応じようとしない。

私はこの訴訟に関わる中で、なぜ京都大学とその後ろにある国家、行政が、この、人間として当たり前の遺族の要求に素直に応じようとしないのかを考えざるを得なかった。

そして、それは、京都大学が、遺骨を魂と考えず、学術研究の対象としか考えないからであると思う。

それは、耳鼻塚を遺跡として保有する京都市が、遺跡としての価値を優先し、犠牲者の魂の鎮魂・供養の対象としてとらえられないことと同じではないのか。

まさしく琉球人遺骨返訴訟問題と、京都の耳鼻塚の鎮魂・供養の問題は通底しているのである。

私たち琉球人、沖縄人もまた、金先生の緊急提言と同じ思いで、琉球人遺骨返還訴訟を続けているのである。

共鳴するふたつめは、琉球沖縄もまた豊臣秀吉の朝鮮侵略の犠牲者であるというところだ。

全国統一を進める豊臣秀吉に敗北した島津藩は、秀吉の九州支配下に置かれるや琉球王国に貢物を強要し、そして1592年に秀吉が朝鮮出兵を決めると、軍事的圧力を背景に7000人、10カ月分の兵糧米の拠出を琉球王国に命じた。

そして琉球王国はその恫喝の前にやむなくそれに応じざるを得なかったのである。

つまり琉球王国は豊臣秀吉の朝鮮出兵の犠牲者であると同時に、朝鮮征服、朝鮮人虐殺にやむなく加担させられたという意味で、二重の苦難を味わわされたのである。

ちなみに島津藩はその後、徳川幕府になってからも琉球侵略を続け、多くの琉球人を犠牲にしてきた。

私たちが返還を求めている遺骨は、まさしく島津藩が琉球侵略を行った場所の一つから採取されたものなのである。

豊臣秀吉の耳鼻塚の供養に私が深く共鳴する三つめは、明治維新の富国強兵策のために併合された怒りと悲しみと屈辱を、朝鮮と琉球沖縄が共有するところである。

金文吉先生の説明文によれば、豊臣秀吉は徳川時代には評価されなかったという。京都の耳鼻塚は、朝鮮通信使の嘆き、悲しみ、怒りを前に、徳川幕府の負の遺産となっていたに違いない。

ところが、その耳鼻塚は明治になって再評価される。すなわち、明治維新の結果生まれた新政府の富国強兵策に利用される形で、明治になって修復・復権されたというのだ。

そしてこの明治政府の富国強兵策により、まず１８７９年に琉球王国が琉球処分という名の下に併合され、そして１９１０年に朝鮮が併合されるのである。

私が金先生の解説文を最初に目にした時、金先生は反日感情を極力抑え、鎮魂・供養の必要性を強調されているなという印象を受けた。

その気持ちは私には痛いほどよくわかる。

日本の侵略批判を表面に押し出すと、日本国民の反発を買うからだ。

ただでさえ難しい日韓関係の改善がさらに難しくなるからだ。

だからこそ、金先生は自分の思いを一人でも多くの日本の世論に訴えるために、誰もが異存のない鎮魂・供養の必要性を強調しておられるのだ。

そしてそれは正しい判断だと思う。

しかし私は、あの時日本に併合された琉球王国の末裔だ。

そして私は、令和になった今でも日本政府から差別され続けている沖縄の住民だ。

私は金先生のような遠慮をしなくても許されるだろう。

私は金文吉先生の書けなかったことをここで訴える。

私がここで訴える事こそ、金文吉先生が本当に訴えたい事に違いない。

そしてそれはとりもなおさず今の沖縄人の日本政府に対する訴えなのである。

日本は豊臣秀吉の朝鮮出兵の誤りを繰り返してはいけない。

日本は、豊臣秀吉の朝鮮出兵を再評価し、豊臣秀吉を英雄視し、富国強兵策という名の植民地政策に利用しようとした明治政府の誤りを繰り返してはいけない。

何よりも、日本は琉球沖縄を含むアジアに対する差別政策から決別しなければいけない。

日本人は、いまこそ歴史を正しく知り、政府に正しい政策をとるように求めていかなければいけないのである。

その主張こそ、琉球人遺骨返還訴訟で我々が訴えている事なのだ。

最後に、金文吉先生の解説本を私に紹介し、私に特別寄稿の機会を与えてくれた、この本の編者である元外交官の天木直人氏についてひとこと言及したい。

私が天木氏を知ったのは、イラク戦争に反対して外務省を辞めた直後の2004年に、天木氏が沖縄に講演で訪れた時だった。

米国の沖縄駐留を正面から批判する、こんな反骨外交官が日本にもいたのか、と驚いたものだ。

その天木氏が、それから十数年経って、いま豊臣秀吉の朝鮮出兵の負の遺産である耳鼻塚の鎮魂・供養の重要性を訴えている。

その同じ時に私は、この国の植民地主義、アジア差別の原点ともいうべき、琉球人遺骨返還訴訟を京都で訴えている。

これは決して偶然ではない。

歴史に謙虚に向かい合い、歴史に学べば、おのずと権力者の間違いに気づく。

そして権力者の間違いは、見過ごすのではなく、正さなければ、いつの世も弱者は救われないのだ。

そう思う人なら、みなたどりつく当たり前の行動である。

私がこの特別寄稿で訴えたい事はその事である。

【特別寄稿──④】

豊臣秀吉の朝鮮出兵で戦った武将たちの子孫が願う日韓の和解

李　龍河
壬辰倭乱義兵功臣会会長
韓日武将後孫親善会会長

私は壬辰倭乱、すなわち豊臣秀吉による朝鮮出兵（文禄の役）で日本と戦った義兵を功労する会(壬辰倭乱義兵功臣会)の会長であるとともに、韓日武将後孫親善会の会長でもあります。

壬辰倭乱義兵功臣会については、説明は要らないと思います。この会は、私の父である李鐘採が１９４１年につくった、豊臣秀吉による朝鮮出兵の時に戦った朝鮮の義兵を称え供養するための会です。

私がここで説明したいのは、そして日本の皆さんに知っていただきたいことは、韓日武将後孫親善会のことです。

この会は、１９９９年に慶尚南道馬山市に住む在野の歴史家である趙重華氏が、韓日双方の、当時戦った武将たちの子孫に声をかけてつくった会です。

趙重華氏は、壬辰倭乱について日韓両国で歴史事実の歪曲が甚だしく、そのために益々両国関係が悪くなっていることを残念に思い、歴史を正確に認識して日韓両国の関係改善に寄与したい、そのためには、あの時ともに敵として戦った武将たちの子孫が一同に会し、話し合い、そして未来に向けて和解することが重要だと考えたのです。

まことに立派な思いで出来た会です。そして趙重華氏が亡くなられた後に、私がその遺志を継いで親睦会を続けてきました。

日本側の参加者は、宇喜多秀家、立花宗茂、松浦鎮信、石田三成、伊達政宗らの子孫が参加していますが、韓国側は李舜臣や権慄をはじめ、柳成龍、李億祺、元均、宋象賢、金時敏、高敬命、金徳齢、沙也可など壬辰倭乱オールキャストといえそうな面々の子孫が参加しています。

しかし、この親善会は、お互いに高齢化がすすみ、私も健康を害して、その活動も続けていく事が難しくなっていました。

そのような時に、私は天木さんと知り合い、天木さんが京都の耳鼻塚の鎮魂・供養を通じて日本と韓国の友好関係の実現を目指すという本を出版される事を知ったのです。

その本の中で、日本人の手による耳鼻塚の鎮魂・供養こそ大切だと訴えて行動を起こした勇気ある京都の市民である小椋正恵さんに感銘を受けました。

そしてその本に寄稿された多くの人たちが、耳鼻塚の鎮魂・供養を通じて日韓関係の改善を願っておられることを知って勇気づけられました。

歴史を正しく直視し、謝罪すべきは素直に謝罪し、許すべきは寛容の心をもって許す、そしていまこそ、わだかまりの気持ちを静め、恩讐を超えて未来に向かって和解につとめる。これこそが韓日武将後孫親善会の目指すものです。

耳鼻塚の解説文を書いてくださった金文吉先生、この本を編集してくださった元外交官の天木さん、そして小椋さんをはじめとして寄稿された方々、その人たちに敬意と感謝をお伝えするとともに、同じ思いを抱く韓日武将後孫親善会を代表して、私も寄稿者の一人として参加させていただきました。

これからも、ともに協力し合って、末永く続くゆるぎない日韓友好関係を築いていきたいと思います。

私も、もう一度気力を奮い起こして、韓日武将後孫親善会を再活性化しようと決意しました。

【特別寄稿――⑤】

まつろわぬ者たちの鎮魂・慰霊を正しく行えない日本は「真の日本」なのか？

一水会代表
木村 三浩

米国のイラク侵略に断固反対した！

もう17年以上も前のことになったが、２００３年３月にブッシュの米国はサダム・フセインのイラクを攻撃した。

いまでこそあの攻撃は根拠のない米国の国際法違反の侵略であったことが世界の知るところとなっているが、当時の日本では皆、小泉首相の米国ファーストを容認した。反対したのはいつもの左翼ばかりだった。

しかし、米国の不当な経済制裁に反対し、イラクとの関係を構築してきた私は、権力者の間違いを糾すのは左翼の専売特許ではなく、愛国民族派こそ権力者の誤りを糾すものだ、という思いで、イラク戦争に断固反対した。

そんな時、米国のイラク攻撃は間違いだ、その米国を支持する小泉首相は間違いだと正面から批判し、特命全権大使の職を追われた現役外交官がいた。

それがこの本の編者である天木直人氏である。

私と天木氏は世界観において多くの違いがある。しかし、米国の間違ったイラク攻撃に断固反対し、「日米同盟」という名の下に主権を放棄してきた日本の戦後の対米従属外交から決別し、自主・自立をした外交を取り戻さなければ日本の未来はないという考えでは見事に一致する。以来、私は日本外交について天木氏と意見を交わす仲になった。

その天木氏が、かつてないほど悪化した日韓関係の現状を憂い、その関係改善の鍵は、日本人の手による京都の耳鼻塚の鎮魂・供養にあるという本を編集、出版する。

歴史の検証と負の遺産への対処こそ必要！

これは実に時宜を得た本である。

日韓の長い歴史の中には文永の役、弘安の役で元寇の尖兵として高麗人が日本侵攻を企てたこともあった。日本側もそれなりの打撃を受け、二回の侵攻を食い止めた歴史を持っている。

だが、元寇の使者を祀（まつ）る藤沢の常立寺などのように、細々とではあるが、四百年経った今でも鎮魂・供養がなされているところもある。

私自身についていえば、近代において朝鮮独立の志士と呼ばれ、日本に亡命したものの清国の圧力で上海で殺害された金玉均先覚の慰霊・供養、そして昭和20年3月10日の東京大空襲で命を落とされた朝鮮半島出身の「帝国臣民」の方々の慰霊・供養に参列している。金玉均先覚、東京大空襲で犠牲になられた韓国・朝鮮の方々に対する鎮魂・供養は、日本を愛するが故の愛国者として歴史に向き合う立場で行っているものだ。

そういう私の立場からすれば、個人的ではあるが、ここで述べられている耳鼻塚の鎮魂・供養についてもまた、私は天木氏の考えに共鳴する立場である。

実は私も天木氏や多くの日本人と同様に、豊臣秀吉の朝鮮出兵についてては知っていても、その出兵の過程で朝鮮人の耳鼻を削ぎ落すという残酷な行為があったことについては深くは知らなかった。ましてやそれを埋めた耳鼻塚なるものが、京都の中心地に今でも現存していることは知らなかった。

天木氏にすすめられて京都の耳鼻塚を訪れた私は、京都市が、これは豊臣秀吉に命じられて朝鮮出兵した武将たちが戦功として持ち帰った耳鼻の塚である、と堂々と看板を掲げている無神経さに驚いた。

そして、天木氏からいただいた韓国の研究家、金文吉教授の解説文を読み、日朝友好・文化交流使節団として朝鮮から徳川幕府に派遣されてきた朝鮮通信使たちが、これを見て一様に悲しみ、怒ったことを知り、さらには百年前の駐朝鮮米国大使夫妻が、朝鮮民族の反日感情を煽ることになるから、人目につかないようにどこかに移動させることを進言したことを知って、確かにその配慮（鎮魂・供養も含め）が必要であると思った。

耳鼻塚を、このまま放置して何もしないのは、決して日韓関係の為にならない。

鎮魂・供養を通して真の日本を創ろう！

どうすればいいのか。

私はこの本で天木氏が繰り返し述べているように、日本が自らの意思で、犠牲になった朝鮮人の魂の鎮魂・供養をしていかねばならぬと考える。

率直にいえば、死者の魂の鎮魂・供養を正しく行えない日本は、日本ではないとすら思ってしまう。なぜなら、祀(まつ)られざる者を鎮魂していくのが道義の国の日本の立場であったからだ。また、それは愛国民族派の姿勢であるからだ。

そして、もうひとつ、愛国民族派の我々がこの本を歓迎する理由がある。それは、耳鼻塚の鎮魂・供養は、天皇の国である日本が正しい政治を取り戻す上で避けて通れないということだ。

日本は、権力と権威の構造のある国として、権威を利用して権力の壟断(ろうだん)を企てる君側の奸が跳梁跋扈(ちょうりょうばっこ)することもままあった。

かつての元寇のときには後深草上皇、亀山上皇が石清水八幡宮へ行幸され、異国調伏を祈願され、国民を激励されている。ところが、秀吉は後陽成天皇の反対を押し切って自ら朝鮮に渡ろうとした。

それは、デマルカシオン規定という、スペインとポルトガルの世界を二つに分けて統治するという帝国主義的な政策に翻弄させられ、自己防衛の拡大版として〝先制制覇〟する思想から出現したものである。

イエズス会も巧みに国際情勢を自らに都合よく解釈し、秀吉を尖兵化するために利用した側面もある。しかしその責は、太閤となり野望を抱いた秀吉にあることは間違いないが、その歴史を清算することが可能であるとすれば、それは後世の我々が誠を持って歴史的事実に対処していくことしかないのである。その一つが、この耳鼻塚の鎮魂・供養でもあるのだ。

思うに日本の政治の歴史は、天皇を守るための武将たちが、天皇を利用し、あるいは自らを天皇の上に置こうとした誤りの繰り返しであった。

その一つが、後陽成天皇を北京に移し大君臨させるという秀吉の構想である。

全国統一を果たした秀吉は明国支配の野望を秘め、日本の天皇を北京に移させ、明の帝位に就けさせようとの構想を持っていた。実際、天皇に手紙まで出している。何という異国事情も知らない権力欲に憑りつかれた発想だったのか。

国内的には勢いを集約できたものの、君臣の権力構造をうまく利用した武将であったことがわかる。

その後、時代が下って徳川体制を否定した近代日本は大東合邦を志す理想論が消滅し、帝国主義的な朝鮮併合という結果となり、そして長期戦略なき大東亜戦争・アジア太平洋戦争への突入で日本は大打撃を被る状態になった。これを率先垂範したのは戦略戦術を知らず、ある意味、精神論一本の軍国体制だった。

京都の耳鼻塚の魂を鎮魂・供養することとの思いを一番歓迎されるのは、

昭和の歴史の負の遺産に向き合われた明仁天皇ではないだろうか。本来のあるべき象徴天皇像の構築に腐心されながら退位された上皇様である。

上皇様のご宸襟(しんきん)に思いを馳せ、日本の歴史の中の一つの負の遺産である耳鼻塚の魂の供養・鎮魂に賛同、協力するのは、愛国民族派の一つの務めであるとさえ考える。

まさに令和の始まりにふさわしい行いではないか。

【特別寄稿――⑥】

日韓・日朝友好と世界平和

―京都市東山区所在の耳鼻塚の慰霊に寄せて―

「世界平和の会」代表
元京都府議会議員
三上　隆

京都市長選での出会い

私は2016年の京都市長選挙に出馬した。勝てない選挙であったけれども、その出馬にはわけがあった。

当時の米朝関係は、いつ開戦があってもおかしくないほど悪化しており、場合によってはそれが引き金になって第三次世界大戦すら起こりかねないほどの危うさを私は感じていた。

その迫りくる危機を、京都市民や日本国民にどうしても訴えなければいけないとの思いに私は駆られたのだ。

1950年に朝鮮戦争が勃発した当時、私は警察予備隊に在職し、朝鮮戦争に駆り出される寸前までを経験した。

そんな私には、どんなことがあっても米朝戦争は避けねばならない、日本は厳正中立を守り、決してアメリカに加担してはならないという信念がある。

その思いを選挙を通じ訴えようとしたのである。

幸いにも私の懸念は杞憂に終わり、それどころか、意外や意外、米国にトランプ大統領が現れ、かつての日本のように対米戦争を覚悟していたと思える北朝鮮を、米朝協議の席につかせた。

残念ながら、二度にわたる米朝首脳会談は成果のないまま不調に終わり、この原稿を書いている時点（２０２０年6月末）では、米朝関係は再び悪化に転じ、それどころか、朝鮮戦争の終結と南北融和の期待すら、打ち砕かれてしまったようだ。

もっとも、私はトランプ大統領は大統領選挙前にもう一度米朝首脳会談を行って、今度こそ米朝関係の改善を図るサプライズを見せると思っているし、韓国と北朝鮮の関係も、最後は破局ではなく、改善に向かうと信じている。

それはともかくとして、京都の市長選で日韓、日朝の友好を訴える私に、二人の女性が共感を示してくれた。

その二人こそ、耳鼻塚の供養の重要性を教えてくれた小椋正恵さんと尹道心さんである。

二人との出会いによって私は、耳鼻塚の慰霊式に参加することになったのである。

耳鼻塚の慰霊式に参加して受けた衝撃

韓国茶道の師匠である尹道心さんが十数年にわたってお世話されてきた韓国人による耳鼻塚の慰霊式に初めて参加した私は、二つの衝撃を受けた。

一つは耳鼻塚の前に掲げられている京都市の掲示板の書きぶりを見て受けた衝撃である。

それを読めば、豊臣秀吉が武将たちに朝鮮出兵を命じ、首級の代りに耳、鼻を削いで持ち帰ったことに対する謝罪の念がないばかりか、削ぎ落とした耳や鼻は朝鮮出兵の戦利品であると言わんばかりの印象を抱かざるを得ないのである。

この掲示板を、10万人とも20万人ともいわれる犠牲者を出した韓国や北朝鮮の人たちが見たら、どんな思いを抱くかは容易に想像がつく。

そのような掲示板をこのまま放置してはいけないと思ったのである。

もうひとつの衝撃は、慰霊式で韓国の若い女性たちが踊った鎮魂の舞を見た衝撃である。

後で知ったのだが、この鎮魂の舞は、無念の死を遂げた同胞への限りない哀惜の念を表す韓国の有名な舞であるという。

その、美しくも悲しい舞と、奏でられた音楽に、私は涙がとめどなく流れ、それを拭ういとまもなかったのである。

日本人こそが耳鼻塚の慰霊を行わなくてはいけない

私はこの韓国人の手による慰霊式に心を打たれると同時に、耳鼻塚の慰霊は、本来私たち日本人が率先して行うべきであると思ったのである。

かつての日本人たちのおかした行為を、我々日本人が詫び、手厚く慰霊してこそ、その魂は安らかに鎮められると思う。

このままでは魂はさまよい、怨念として残る。

それは決して京都や日本のためにはならないのである。

今を生きる私たち日本人は、過去に残虐行為を行った日本人たちの血を受け継ぐ子孫である。

そういう意味で、私たち日本人は、いまこそ豊臣秀吉の命じた残虐行為に気づき、それを詫びて、率先して耳鼻塚の供養を行うべきなのである。

耳鼻塚の供養から世界平和へ

私たち人類はいま、コロナウィルスによるパンデミックに襲われ苦しんでいる。

21世紀最大の苦難ともいうべきこの受難に、私たち人類はともに手を携えて危機を克服するのか、それとも自国さえよければと、国境の壁を高くして引きこもるのか、その選択を迫られている。

今こそ私たち人類は、愚かな殺し合いである戦争をはじめとして、相互不信と分断を避け、人類愛に基づいた協調、共生の道を選ぶべきである。

そしてそれは、とりもなおさず世界平和につながる唯一の選択肢である。

その先頭に立つべき国こそ、世界で唯一の被爆国である日本なのである。

私は、私たち日本人が耳鼻塚の慰霊を率先して行うことによって、日韓両国を覆う相互不信を払しょくする糸口が見つかると思う。

そしてそれは拉致問題で行き詰まった日朝関係の改善のきっかけにもなると思う。

そして、日韓、日朝関係が改善すれば、朝鮮半島の南北融和の流れを促すことにもつながると思う。

そういう意味で、この耳鼻塚の日本人による供養は、大げさにいえば東アジアの平和と、世界平和を促す草の根活動の第一歩になり得るのである。

【編者のことば】

耳鼻塚の鎮魂・供養を新たな日本の出発点にしなければいけない

天木 直人
元駐レバノン大使
新党憲法9条代表

この本の編集者として最後に一言、私の思いを述べさせていただきます。

この本の目的は、京都の耳鼻塚とその歴史的背景について、一人でも多くの日本人に知ってもらうことにあります。

私は京都に耳鼻塚というものが存在する事を1年前まではまったく知りませんでした。京都は、母親の故郷で、私も中学、高校、大学と10年近く京都で過ごしました。それにもかかわらず、耳鼻塚の事を知らなかったのです。

そんな私に耳鼻塚のことを教えてくれたのは京都に住むひとりのご婦人でした。

私は昨年7月、新党憲法9条の代表として参院選に出馬し、京都で遊説したことがありました。その時、応援に来ていたひとりのご婦人から、平和を訴えるあなたなら、ぜひ耳鼻塚の事を何とかしてほしいと頼まれました。

当時の私は選挙のことで頭が一杯で、その時はその要望を聞いたままにしていましたが、選挙が終わってあらためて耳鼻塚の事を調べました。

そして、天下を統一し、日本人にとっては「英雄」とされている豊臣秀吉が、こんな残酷な事をしていたことを知り衝撃を受けました。

さらに耳鼻塚のある場所に初めて足を運んで、その異様さに驚きました。

京都駅に近い観光の中心地に、豊臣秀吉が武将たちに命じて競って削ぎ落した朝鮮人の耳鼻を埋めた大きな塚が、京都市の歴史遺跡として現存しているのです。

これを韓国の人たちはどういう思いで見ているのだろうと考えました。

私が違和感を覚えたのはそれだけではありません。その場所は、京都の観光地の中心にありながら、その場所だけが、皆が避けて通るような、取り残されたような場所になっているのです。あたかも隠された遺跡のようなのです。

私が金文吉先生を知ったのはそんな時でした。毎年11月初めに京都の耳鼻塚の前で韓国の人たちによる慰霊式が行われていることを知った私は、昨年の慰霊式に参加し、その時に金先生にお会いして、いろいろと耳鼻塚の事を教えてもらいました。

知らない事ばかりでした。そして、知れば知るほど私は、豊臣秀吉の罪深さと、耳鼻塚の犠牲者の鎮魂と供養の必要性を痛感しました。

韓国の方々が鎮魂・供養するのはわかります。しかし朝鮮出兵をして多くの犠牲者を出した日本こそ、犠牲者の霊を真っ先に鎮魂・供養しなければいけないと思います。

400年以上も前の事であり、そんな昔の戦国武将がやったことをなぜ今の我々が鎮魂・供養しなければいけないのかと思われる人もいるかもしれません。しかし、後で述べさせていただきますが、豊臣秀吉の行った事は、その後、明治政府による朝鮮併合や琉球処分、さらには、アジア大陸に進出した昭和の時代に引き継がれていったのです。

そしていま、歴史認識をめぐって日韓関係が最悪の状況にあります。耳鼻塚とそれをめぐる歴史は、今を生きる我々と決して無関係ではないのです。

知ってしまった耳鼻塚

私が耳鼻塚の存在を知らずにいたら、このような本を編集して、耳鼻塚を日本国民に知ってもらおうなどとは、思いもよらなかったでしょう。しかし、私は知りました。そして知った以上、このまま何もしないで済ませられなくなりました。

それはあたかも私がパレスチナの窮状を知ってしまった時と同じです。

私はいまから20年ほど前に中東の小国であるレバノンという国に日本の特命全権大使として赴任し、そこでイスラエルのパレスチナ弾圧政策を目撃しました。そして、あのホロコーストの犠牲になったユダヤ人が、いま、自らが受けた差別と虐待をパレスチナ人に対して行っている矛盾に衝撃と怒りを覚えました。

私が米国のイラク攻撃に反対したのは、中東和平のカギを握る米国が、このパレスチナの惨状に目を閉ざす一方で、更なる犠牲者を出すイラク攻撃を行ったからでした。しかもその理由が、イラクを独裁者から救うというのでなく、イラクを米国やイスラエルにとって都合のいい国に造り変えようとしたことにあったのです。

知っていながら見過ごす事は、それを黙認する事です。もしこの耳鼻塚の事を一人でも多くの日本人が知れば、私がそうであったように、われわれ日本人こそが率先して耳鼻塚に埋まっている犠牲者の霊を鎮魂・供養をしなければいけないと思うようになるのではないかと思いました。そこで私は金文吉先生にお願いしたのです。金文吉先生が私に教えてくれた事をわかりやすく文章にして日本人に伝えてもらえませんかと。

金文吉先生は、初対面の私の突然の申し入れをこころよく引き受けて下さり、おまけにあっという間に解説文を書き上げてくれました。こうしてできたのが、この本の中心になっている、金文吉先生の「耳鼻塚について」なのです。

読者の皆さんには、是非この金先生の解説文を読んでいただき、認識を新たにしていただきたいと思います。

寄稿者に勇気づけられる

当初、私は金先生の解説文を、そのまま出版することだけを考えていました。

しかし、この本の出版について何人かの人に話したところ、多くの人が賛同し、それぞれの思いを語ってくれました。

そこで私は考えました。せっかくの機会であるので、その人たちの貴重な意見を特別寄稿の形でこの本に収録して、この本の読者に読んでもらおうと。それらの意見は、読者の皆さんが京都の耳鼻塚を理解する上で、必ず有意義な意見になると思ったのです。

寄稿に協力していただいた方々に対し、この場を借りてお礼を申し上げるとともに、そのひとりひとりについて、ひとこと紹介させていただくことにします。

小椋正恵さんは、冒頭で言及したとおり、私に耳鼻塚の存在を教えてくれた京都のご婦人です。

そして、誰もやらなければ私一人でも耳鼻塚の鎮魂・供養をすると行動を起こした人です。

私が耳鼻塚の事を知るようになったのも小椋さんと巡り合ったからであり、この本の編集・出版を行う決心をしたのも、小椋さんの勇気と行動力に突き動かされたからでした。

尹道心さんは小椋さんの友人で、韓国人による耳鼻塚の慰霊式を京都でお世話してこられた茶道の先生です。

小椋さんが耳鼻塚の事を知ったのも、3年前にこの尹さんから耳鼻塚の慰霊式に誘われたのがきっかけでした。いわば尹さんは小椋さんに行動をとらせるきっかけをつくった人でした。

その意味で、尹道心さんも小椋さんとともに、この本になくてはならない人であり寄稿していただくにふさわしい人です。

金城実さんは沖縄の彫刻家です。私が金城さんと初めてお会いしたのは、外務省を辞めて間もない2004年ごろだったと記憶しています。外務省を辞めた直後の私は、日本にも職を賭してイラク戦争に反対した外交官がいたのかということで、全国の平和を願う人たちから講演に呼ばれることが度々でした。沖縄に講演会に呼ばれたのもそんな時でした。そして金城実さんと出会ったのです。以来金城実さんは私の最大の理解者になってくれました。

沖縄は、まだ琉球と呼ばれていたとき、明治政府から併合され、そして太平洋戦争の時は日本政府に捨て石にされ、戦後になってやっと1972

年に本土に復帰してからも日本政府に差別され続けています。そんな沖縄でうまれ育った金城実さんにとって、日本は対米従属から決別しアジアとの共存共栄を目指すべきだと訴える私の姿に、自分を重ねておられるのだと思います。

その金城実さんが、金文吉先生の耳鼻塚の解説文を読んで、まさに耳鼻塚の問題は沖縄問題に通じるものがあると訴えて寄稿してくれました。金城実さんの寄稿は金城実さんの魂の叫びだと思います。そしてその金城さんの魂の叫びは、金文吉先生の魂の叫びでもあるのです。

京都の耳鼻塚の歴史を調べていくうちに、私は李龍河さんという一人の在日韓国人の方と知り合う機会を得ました。この方は豊臣秀吉の朝鮮出兵の時に日本の武将たちと戦った韓国の武将の子孫にあたる人であり、金文吉先生と同様に京都の耳鼻塚に強い関心を持ち、みずからも研究されてこられた方です。

私が注目したのは、李さんが韓国側の武将を称える会の会長であると同時に、日本の武将たちの子孫と韓国側の武将たちの子孫の親善会を企画、実施され、恩讐を超えて和解を目指そうとされてきたことです。

共に戦った武将たちの子孫が、４００年を経て和解できるなら、いまの日韓両国が和解出来ないはずがありません。その意味で李龍河さんの寄稿は特別の意味があると思ってここに掲載させていただきました。

一水会の木村三浩さんもまた、金城さんと同様に、私がイラク戦争に反対して外務省を去った直後から知り合いになった一人です。

一水会はいわゆる右翼の団体ですが、米国のイラク戦争に反対して外務省から解雇された私に共感を抱き、真っ先に私を講演に呼んでくれました。

一水会の会長である木村さんとはそれ以来、機会あるごとに意見を述べ合う仲になりました。

私と木村さんは、考え方が違うところは多々ありますが、日本は日米安保体制から決別し、自主・自立した外交を取り戻さなくてはいけない、アジアと共存共栄していかなくてはいけない、という点で共鳴し合う仲です。

そんな木村さんが、私から京都の耳鼻塚のことを聞き、彼もまた初めて耳鼻塚のことを知って、そして、日本人こそ率先してその犠牲者の魂を鎮魂・供養しなければいけないという考えでも私と意見が一致しました。

右翼団体の会長の応援に私は勇気づけられました。

最後に寄稿をいただいたのは、元京都府議会議員の三上隆さんです。

三上さんは朝鮮戦争が勃発した時にできた警察予備隊の一期生であり、政治的には社会党時代に江田三郎氏と行動をともにして社会党を離れ、その後、社民連、日本新党、新党さきがけ、民主党などを経験してきた政治家です。

自らの戦争体験に基づき、日本は二度と戦争をしてはいけない、唯一の被爆国である日本こそ核廃絶の先頭に立つべきだ、米国との軍事同盟を解消し、アジアとの平和的友好関係の構築に専念すべきだという強い信念を持った人です。

彼もまた、耳鼻塚を日本人の手で鎮魂・供養すべきだと強く訴える一人です。

歴史を知る事の重要性

耳鼻塚の事を調べていくうちに、私は日本の歴史についてあまりにも無知である自分に気づきました。

そして、このままでは、この本を出す資格はないと思って、あらためて、少しばかり、日本の歴史を自分なりに勉強しました。

そして、過去の歴史が、今の日本の政治に、いかに大きく、深くかかわっているかについて気づいたのです。

そのいくつかをこれから述べてみたいと思います。

天皇と政治の関係

たとえば天皇制についてです。初代の神武天皇から始まって令和天皇で126代続くといわれている天皇制ですが、神武天皇はもとより、最初の十数代目ぐらいまでの天皇は、神話に基づくものであるがゆえに、実在しなかったという事が専門家の一致した意見であるというのです。

このことを、本郷和人という歴史学者が「空白の日本史」（扶桑社新書

２０２０年1月初版）の中で詳しく書いていますので是非ご一読される事をお勧めします。

かつて森喜朗元首相が、日本は神の国だ、などという発言をしてずいぶん批判された事がありましたが、そうではなく、日本は神話にもとづいた国だと表現すれば、まだよかったのではないかと思うほどです。

ではなぜ、あの時、あれほど森元首相は批判されたのでしょう。

それは、国民が天皇のために戦争に駆り出された、あの軍国主義の苦い経験を思い出させたからです。

二度とあのような間違いをおかしてはならないからです。

しかし、軍国主義の先頭に立つ天皇像は、長い天皇制の歴史の中で、本来の天皇像ではなかったのです。明治天皇こそが、歴代の天皇の中ではじめて元首の役割を担い、海外出兵を率先した天皇だったのです。

すなわち、明治時代に、明治天皇を中心とする中央集権国家体制が出来上がり、1889年（明治22年）に、伊藤博文によって明治憲法（大日本帝国憲法）がつくられ、公布されました。その憲法こそが、天皇を絶対化したのです。

そもそも天皇は武力を持たず、天皇が統治する世の中の治安を保つための警察力しか持っていなかったのですが、世の中が物騒になり、天皇の警察力をはるかにしのぐ武力を持つ集団が横行するようになり、もはや天皇の警察力だけでは治安が保てなくなって、いわば天皇の世を鎮圧する存在として「武士」が認められるようになりました。それが平家であり源氏だったのです（桃崎有一郎著「京都の誕生―武士が造った戦乱の都」文春新書）。

そして武士の武力（軍事力）が強大だったため、武士は常に天皇を超えた支配者になろうとしてきました。

しかし、日本国民を支配するには武力だけでは不十分で、天皇（朝廷）の権威が必要になります。それが天皇と政治権力者（明治までは武士）の関係だったのです。

こうした天皇と武士の、いわば相互依存関係は、日本国内の権力争いにとどまっている限りは、国内問題で済みました。

しかし、明治維新の後に日本は、世界の列強と戦わざるを得なくなって天皇の役割は一変します。

すなわち明治政府によって文字どおり天皇は元首になり、軍国主義と一体になり、そして太平洋戦争に突入します。

そして戦争に敗れた日本は事実上の米国による占領を経て、今日の民主国家として再出発します。

天皇も元首から象徴天皇に一変します。

戦国武将を英雄視してはいけない

支配者としての武士が現れて以来、日本は武力による統治の時代に入りました。そして武士たちが最も激しく争い、下剋上が当たり前のようになったのがいわゆる戦国時代でした。

戦国時代といえば、私たちは多くの小説やドラマなどで、天下分け目の合戦とか、国盗り物語といった勇ましい戦記物に影響され、戦国武将はみな英雄のように思い込まされてきました。しかし、実際は、戦国時代ほど暴力が横行する時代はなかったのです。そして武将たちは、英雄どころか、すべてと言っていいほど残虐であり、裏切り、下剋上、暗殺、政略結婚、パワハラ、セクハラ、何でもありだったのです。決して戦国武将を英雄視してはいけないのです。

戦国時代の事を思うと、今を生きる私たちが何と幸せなことかと思わざるを得ません。

「麒麟がくる」の意味

戦国時代といえば、今年は明智光秀を主人公としたＮＨＫの大河ドラマ「麒麟がくる」が放映されています。

麒麟は、中国の故事によれば、平和な政治が行われる時に現れる架空の霊獣だということです。

ですから「麒麟がくる」のテーマも平和ということになります。

明智光秀は織田信長が天下を統一したら戦国時代が終わる、だから織田信長に仕えて織田信長の天下統一を実現して平和な政治を実現させよう、そう考えていたといわれています。

しかし、明智光秀は、最後は謀反を起こして織田信長を殺します。それでは「麒麟がくる」ことにはなりません。

「麒麟がくる」とは、どういう事なのでしょう。

そのヒントは明智光秀が謀反を起こした理由にあると私は思うのです。

明智光秀が織田信長を暗殺した理由についてはいまだに定説がありません。そのためにさまざまな説がありますが、その中で私は明智光秀の子孫の一人である明智憲三郎という在野の歴史研究家の語る明智光秀の謀反の理由に注目しました（「明智家の末裔たち」「本能寺の変４３１年目の真実」など、いずれも河出書房新社」）。

明智憲三郎氏によれば、織田信長が天下を取れば戦国時代が終わると考えて明智光秀は織田信長に仕えたのですが、天下を取るほどまでに権勢を強めた織田信長は、戦争を止めようとせず、最後に、「唐入り」、つまり今の中国である明や今の韓国である朝鮮に出兵しようとし、明智光秀に、征服したらその地を領地として与えると約束して出兵を命じたというのです。しかし、明智光秀はその出兵は勝てる見込みのない戦いであり、勝ったとしても大きな犠牲を伴うものであり、下手をすれば明智一族が滅びる事になる、そう考えて「唐入り」に反対したのですが、受け入れてもらえず、最後は、明智家一族の生き残りを優先して、主君を暗殺するほかはないと考えたというのです。

この説は、必ずしも多くの歴史学者の指摘する説ではありませんが、もう一人、同様の意見を述べている人を見つけました。尾崎桂治という、やはり在野の歴史研究者が、「戦国時代の終焉と天下人への道程」三部作の一つである「信長の台頭と若き日の家康」（三樹書房　2020年4月30日初版）の中で次のように書いています。

……家康が「海の向こうまで攻めるとなると、戦いは当分続くことになりますな」と言うと、「そういうことだ。光秀たちには、これからも戦ってもらうつもりである」と信長は吐き出すように言った。発言を聞いて光秀は、信長に対する激しい怒りが心の中から湧き上がってくるのを感じた……信長の命令があれば海の向こうまで行って戦わなくてはならないのだろうか……（352頁―353頁）

これを要するに、明智光秀が織田信長を倒さなければ間違いなく織田信長は大陸に出兵していたし、明智光秀が豊臣秀吉に倒されなければ、豊臣秀吉の天下は無かったかもしれず、したがって朝鮮出兵も、そして耳鼻塚という負の遺産もなかったのです。

このことから、「麒麟がくる」政治とは、海外出兵をしない政治、つまり専守防衛に徹する政治、ではないかと私は考えるのです。

自らを滅ぼした豊臣秀吉の朝鮮出兵

織田信長にしても、その野望を引き継いだ豊臣秀吉にしても、なぜ大陸進出を行おうとしたのでしょう。

そもそも、戦国時代の戦いは、戦った武将に褒美として征服した領地の一部を分け与えることで成り立っていました。しかし天下統一が近づくと戦う相手がいなくなり、したがってまた分け与える領土もなくなってきます。だから海外に戦果を求めるようになったのです。

しかし海外進出は、国内で戦う以上に犠牲が大きくなります。相手国の反撃は激しく、また敵国の情報にも通じていなくてはいけません。

豊臣秀吉の朝鮮出兵は無謀であり勝てないと、当時日本に布教に来ていたイエズス会は見ていたそうです。

実際のところ、朝鮮出兵は始めこそうまくいきましたが、相手の反撃にあってだんだんと苦しい戦いを強いられました。

戦いを命じられた武将たちの不満も募り、最後は仲間割れをし始めました。

豊臣秀吉は、朝鮮出兵の途中で死んでしまいます。そして豊臣秀吉の死と共に、武将たちは朝鮮半島から撤退します。

ちなみに、豊臣秀吉の死後に行われた天下分け目の関ヶ原の戦いは、徳川家康率いる徳川勢（東軍）の軍事力が石田三成率いる豊臣勢（西軍）の軍事力を上回って、徳川勢が勝ったと私たちは思い込んでいると思いますが、じつはそうではなく、豊臣秀吉に命じられて朝鮮出兵を行った豊臣秀吉恩顧の武将たちの多くが、反旗を翻して徳川側についたため、豊臣勢は敗れたというのが真相だというのです。

しかもその謀反の理由が、朝鮮出兵に起因する武将たちの確執や、豊臣秀吉の論功行賞への不満に由来するというのです。

この事を、私は「秀吉の野望と誤算　文禄・慶長の役と関ケ原合戦」（黒田慶一、笠谷和比古共著　文英堂　2000年6月初版）という本で知りました。

朝鮮出兵が、いかに間違った海外出兵だったかを物語る話だと思うのです。

豊臣秀吉を再評価し、朝鮮出兵の野望を果たした明治政府

徳川家康に否定され、徳川時代は注目されなかった豊臣秀吉は、明治に

なって再評価されます。

その理由は、富国強兵と大陸進出を国是とした明治政府にとって、はじめて海外出兵を行った豊臣秀吉を英雄視することは、都合がよかったからです。

そして豊臣秀吉の果たせなかった朝鮮征服の野望は、朝鮮出兵から310年余りたって、明治政府によって実現されます。それが1910年の朝鮮併合なのです。

初代朝鮮総督の寺内正毅は、もし豊臣秀吉が今生きていたら何と思うだろう、という歌を詠んで、絶頂感に浸ったと伝えられるほどです。

明治維新の歴史的評価

そのような明治政府をもたらした明治維新とは何だったのでしょう。

関ヶ原の戦いに勝って天下統一を果たした徳川家康は、その後の260年にわたる天下泰平の徳川時代を築きました。

徳川封建体制はもちろん矛盾もあったでしょう。しかし、少なくとも一国平和主義の時代は続いたのです。

その徳川時代に終止符を打ったのが明治維新の志士たちでした。

それでは徳川幕府を倒した明治維新の志士たちは、果たして本当に日本の夜明けをもたらしたのでしょうか。

幕末から明治維新の時代について書かれた本のいくつかをあらためて読んでみました。

そして驚いたのは、日本の近代革命とまで呼ばれる幕末から明治維新にかけての時代の歴史的評価が、今もって定まっていないということです。

あまりにも多くの登場人物が目まぐるしく登場し、彼らが豹変し、徳川幕府も、そして倒幕に動く幕藩も、天皇の権威を奪い合う形で権力争いを繰り返し、最後は、攘夷を唱えていたはずの幕藩が、いつの間にか、尊王攘夷から尊王倒幕に豹変し、攘夷すべきはずの欧米の武力に頼って、倒幕に成功するのです。

しかも、その過程で、戊辰戦争というわが史上まれに見る内戦で幕藩は敵味方に分かれ、明治維新の主要な役割を担ったはずの西郷隆盛も、最後は西南戦争という士族の反乱を起こして自滅していきます。

結局、明治維新は、長州藩を中心とする一握りの幕藩の生き残りが明治政府という中央集権体制をつくって終わったのです。

戦国武将たちと同様に、西郷隆盛をはじめ、坂本龍馬、勝海舟、木戸孝允、高杉晋作、近藤勇などの英雄とみなされる人物たちは、皆、テロリストと見紛うばかりの武力による権力争いをくり返しました。

天皇制を守るのは自分たちだという「錦の御旗」を掲げ、おびただしい殺戮、暗殺の末に、明治維新は終わったのです。

そのような明治維新を、日本の近代化だったと手放しで評価できるでしょうか。

しかも、幕末から明治維新に至る「日本の近代化」の過程においては、一般国民はどこにも登場してきません。

昭和に引き継がれた明治

このようにしてできた明治政府の政治体制は、大正をへて昭和に引き継がれました。

そして大正天皇が病弱であったために大正時代は短期に終わり、昭和天皇による昭和時代が事実上、明治時代を引き継ぎ、日中戦争や太平洋戦争の時代に突入していくのです。

すでにふれたように、天皇制の長い歴史の中で、天皇が元首の役割を担って統帥権を付与されたのは明治時代がはじめてでした。

そして伊藤博文の起草した大日本帝国憲法によって、天皇が万世一系の天皇であり、神聖にして侵すべからずの天皇とはじめて明記されたのです。

そして、いわゆる皇国史観なるものもまた、決して古くからあるものではなく、明治の時代に、明治政府の富国強兵、大陸進出を正当化する目的で作られたのです。

しかも、最後に明治政府を牛耳ったのは、吉田松陰の弟子である長州藩の武士たちですが、吉田松陰は攘夷の急先鋒であると同時に、アジア征服を獄中にいても主唱していた人物です。

昭和の時代の二面性

昭和の時代は１９４５年の敗戦と同時にまったく異なった二つの昭和に分かれます。

つまり敗戦前の20年間の昭和は、明治を引き継いだ昭和であり、戦後の44年間は新憲法下のまったくあたらしい昭和です。

昭和天皇もまた元首としての天皇から象徴としての天皇へと、１８０度異なる役割を経験されます。

この昭和の二面性こそ、今日に至る日本の二面性の根源であり、今日の政治の矛盾の原因なのです。

敗戦と共に日本は天皇制のない民主国家、つまり共和制の国に生まれ変わることができたかもしれません。

しかし、東京裁判によって昭和天皇の戦争責任は免責され、象徴天皇制の形で天皇制が残されます

つまり日本は戦後、天皇制と民主国家の二つが併存する国となって再出発したのです。

この矛盾は、日本が米国との戦いに敗れ、米国の事実上の占領の下で再出発したという事情から生じたものですが、天皇制を残す事を最優先した当時の日本の指導者たちもまた、それを受け入れたという意味で、日本の戦後体制の矛盾は日米合作で出来たといえるのです。

戦後の日本は様々な矛盾を抱えて再出発しますが、その矛盾の一番大きなものは、軍隊を持たず戦争放棄を謳った憲法9条を持つ日本が、同時に米国と安全保障条約を結んで在日米軍を日本中の至るところに駐留させることになった矛盾だと思います。

そして、この矛盾に一番苦しまれたのは平成天皇だったと私は思うのです。

平成天皇の苦悩

昭和天皇は、1945年の敗戦をきっかけに、明治憲法下の天皇、すなわち現人神の天皇から、新憲法下の天皇、すなわち「人間宣言」をして象徴としての天皇へと、二つの全く異なる天皇を経験されました。

昭和天皇がこの二面性について、どれほど苦悩されたか、我々は知るよしもありません。

おそらく昭和天皇には二つの天皇が矛盾なく共存し、国民もまたそんな天皇を容認してきたと思います。

しかし、平成天皇は昭和天皇と違って、即位の時から象徴天皇としての役割を担う宿命を負わされました。

そして「象徴天皇の役割は何か」を誰も教えるものがいない中で、象徴天皇のあるべき姿について誰よりも真剣に考え、苦悩されてこられたのです。

それに加えて平成天皇はもう一つの宿命を負わされて即位されました。

それは、昭和天皇の負の遺産である戦争責任です。

平成天皇は、戦争が終わった時は12歳でしたが、それでも戦争を子供心に見てこられたと思います。

そして即位をした後も、戦争責任を問われる体験を何度もされました。

だからこそ平成天皇は、象徴天皇としての自らの務めはどうあるべきかを真剣に考え、そして自らの信じる象徴天皇像を実践されたのです。

そして、その苦悩を国民の前に吐露されたのが、生前退位の意向を示された時の、あの「おことば」でした。

天皇史に残る2016年8月8日の「おことば」

平成天皇は2016年8月8日に「おことば」を発せられました。まだお元気であるのに、退位をしたいとおっしゃったことに皆が驚いたのですが、もっと驚いたのは、その「おことば」の中で、象徴天皇としての役割はどうあるべきかについてご自分のお考えを述べられ、それでよかったか、国民はどう思うか、と問いかけられたことでした。

あのときの「おことば」を私はつぎのように受け止めました。

まずあの「おことば」が生前退位の表明と共に発せられたことについて私はこう考えるのです。決して平成天皇は疲れたからはやく引退したいということで退位の表明をされたのではありません。そうではなく、こうおっしゃったのです。

象徴天皇の役割を、誠心誠意をもって完遂するには、よほどの体力と気力がいるが、自分は高齢になり、間違いをおかす事もしばしばになった。だから元気なうちに、後継の天皇にその任務を引き過ぎたいが、その前に象徴天皇の役割について、国民の間の合意が必要であると考える、なぜなら、象徴天皇の役割を、その時、その時の天皇の判断にゆだね、天皇が代るたびにその天皇が苦悩するのでは忍びがたい、また、天皇によって象徴天皇の役割が違ったり、あるいは、その時の政治権力によって象徴天皇の役割が影響されるようでは、決して、日本と日本国民の統合の象徴である天皇にはなり得ない、そうならないように、国民の手で象徴天皇の役割を決めておくべきではないのか。国民の手で象徴天皇の役割を決めてはじめて、民主主義と象徴天皇制が両立することになるのではないか――平成天皇はあの「おことば」で、そのように国民に問いかけられたと、私は思うのです。

それでは、平成天皇は、あの「おことば」で、象徴天皇の役割とはどういうものであると考え、実践し、それでよかったと思うかと国民に問いかけられたのでしょうか。

それは、象徴天皇のあるべき姿は、国民の中で弱い者や様々な苦労を強いられている者たちの側に立つこと、そして常に戦争の惨禍を思い起こし、反省と犠牲者への鎮魂・供養をし、二度と間違いをおかしてはならない、それが象徴天皇の不変の姿であるという事だと私は思うのです。

天皇の役割を国民に語りかけられ、国民とともにあるべき天皇像をつくっていこうと呼びかけられた天皇は、長い天皇制の歴史の中でも、後にも先にも平成天皇しかないと思います。あの「おことば」の重要性についてはいくら強調しても強調し過ぎる事はないと思います。

御厨貴(みくりやたかし)氏による国民への警告

この平成天皇の「おことば」については、最近、極めて重要な本が出版されました。

それは中公公論社から出版された御厨貴編著の「天皇退位　何が論じられたか」（中公選書）という本（２０２０年3月10日初版）です。

御厨貴氏は、あの「おことば」を受けて設置された「天皇の公務負担軽減の等に関する有識者会議」の事実上の取りまとめ役（座長代理）だった人物です。

その人物が、当時、新聞、雑誌などで語られ、論じられた識者の膨大な発言を編集し、それを自らの解説を交えて、国民に今一度、象徴天皇制について考えてもらおうと、問題提起をしたのです。

私がその本を読んで驚いたのは、御厨氏自身がその本の冒頭で、次のように述べていたところです。

すなわち「『象徴とは何か』といった大問題も含め、議論がまったく深められずにいることに愕然とした」と、告白しているのです。

いまこそ国民は象徴天皇制とはどうあるべきかについて、もっと真剣に考えて、平成天皇の「おことば」に答えなければいけない、そう御厨氏は訴えていると思うのです。

私もまったく同感です。

皇国史観もまた国民が決めるべきである

もうひとつ、あの「おことば」から私が感じたことは、いわゆる皇国史観もまた国民が決めるべきだということです。

皇国史観とは、ひとことでいえば、天皇による国家統治を日本の歴史の特色とするという考え方のことです。

そして、その考えは昔から何らかの形で存在し、引き継がれてきたものだったと思いますが、皇国史観が、万世一系の、神聖にして侵すべからずという考えに基づいて、明確な国家的、国粋的な皇国史観になったのも、また明治時代だったのです。

その皇国史観は、昭和にはいって平泉澄という歴史家によって完成されたといわれています。

つまり、いまメディアなどでよく言及される皇国史観は、長い天皇制の歴史の中では極めて新しく、そして特定の人物によって考えだされたものだということです。

しかし、象徴天皇制の時代になり、その象徴天皇の役割を国民と共に決めるべきだと平成天皇が呼びかけられた以上、皇国史観もまた、特定の歴史家や政治家に委ねるのではなく、我々国民が自由に、独自の皇国史観を持てばいいということになります。

この点については、思想史研究者の片山杜秀氏も、近著「皇国史観」（文春新書　2020年4月初版）の中で、「おことば」が衝撃的であったことの理由として、ひとつは天皇自らが、「天皇とは何か」を国民に問うたこと、そして、もうひとつは、その内容が明治以来の天皇の枠組みを根本的に見直すものだったことを指摘したうえで、こう書いています。

「平成の天皇が、戦後日本の天皇のあり方を完成させてしまったともいえるでしょう……」と。

私もその通りだと思います

象徴天皇が形骸化する危惧

「おことば」から4年近く経ち、令和天皇が即位されてからもうすでに1年余りが経ちました。

しかし、「おことば」に対する国民の答えが示されないまま、「おことば」は忘れ去られようとしています。

そんな中で、私は情報月刊誌「選択」の6月号に衝撃的な記事を見つけました。

その記事は、コロナ危機で国民が苦しんでいる時こそ令和天皇は国民に向けてメッセージを発せられてもいいのに、「天皇の『お言葉』はなぜ出ない」という見出しの記事です。

そしての記事が言わんとする事を私は次のように受け止めたのです。すなわち、こんな時（コロナ感染危機の時）こそ、天皇のお言葉がほしいのに、なぜ令和天皇はお言葉を発せられないのか。

それは官邸の意向があるからではないのか。

すでに安倍首相が国民に呼びかけているのに、その上に令和天皇にお言葉を出していただく必要はない、同じ様なメッセージなら不要だし、その逆に、平成天皇のように安倍首相と異なるメッセージを発せられては困る、そう官邸が思っているのではないか。

もし、安倍首相によって送り込まれた西村宮内庁長官が安倍首相の意向に沿って令和天皇の言動を差配しているとしたら、象徴天皇の役割はますます形骸化していくのではないか。

私は、選択のその記事が、そう危惧しているような気がしてならないのです。

そして、この記事が危惧するように、象徴天皇の役割が令和の時代になってどんどんと形骸化していくならば、天皇制など不要であり、いっそ共和制にした方がいいという声が出てきてもおかしくない事になります。

国民が、日本にとって天皇制が必要と思うのなら、一日も早く、あの平成天皇の「おことば」に対して、国民は答えを示さなければいけないと思うのです。

耳鼻塚の鎮魂・供養は、平成天皇の「おことば」に対する私の答えである

長々と書いてきましたが、そろそろ終わりにしたいと思います。

ふりかえってみれば、この本は、令和の時代こそ「麒麟よこい」と願う本となりました。

私は、耳鼻塚に埋もれたままの豊臣秀吉の犠牲者の霊を、われわれ日本人の手によって鎮魂・供養することによって、日韓関係が改善することを願っています。

日韓関係が悪くなったことを誰よりも悲しみ、日韓関係の改善を誰よりも願っておられるのは平成天皇だと思います。

なにしろ平成天皇は、かつて二〇〇一年の会見で「桓武天皇の生母が百

済の武寧王の子孫であると、続日本紀に記されていることに韓国とのゆかりを感じています」と述べられたことがあるほど、韓国との関係を大切にしておられるのです。

そして平成天皇は、東南アジアや中国を訪問されましたが、ついに韓国だけは訪問する機会がないまま退位されたことを残念に思っておられると思います。

ですから耳鼻塚の鎮魂・供養を国民が行う事によって日韓関係が改善するきっかけになれば平成天皇にとっても喜ばしい事であると思うのです。

また、耳鼻塚の歴史を通じて見えてきたものは、武力によって海外出兵することがいかに間違いであるかという事でした。

平成天皇は、明治政府が豊臣秀吉の果たせなかった野望を実現して朝鮮併合を行い、その明治政府を引き継いだ昭和の政府が、中国や韓国を侵略した事に、痛恨の念を抱き、苦しまれてこられました。

だからこそ平成天皇は、日本は二度とあのような戦争を繰り返してはいけない、日本国と日本国民の統合の象徴であるこれからの天皇こそ、憲法9条が定める平和の精神を体現し、国民と共に、二度と過ちを繰り返すことのない国、近隣のアジア諸国と共存共栄する日本を目指さなければいけないと、あの「おことば」で国民に問いかけられたと私は思うのです。

耳鼻塚の鎮魂と供養を提唱するこの本は、まさしく平成天皇のそのような問いかけに、「その通りです。それでよかったと思います」と答える本なのです。

おりから日本は、そして世界は、新型コロナウィルスの脅威に直面しています。

この本が世に出る頃には、感染の危機はひとまずおさまっていることを願いますが、たとえ危機が去ったとしても、コロナ危機がもたらした打撃から立ち直るには、日本はこれまでの日本のあり方を根本的に見直して再出発しなければいけないでしょう。

その時こそ、日本がこれまでの矛盾した日本から決別し、平成天皇があの「おことば」で問いかけられた日本、つまり、平和憲法の求める平和で共存共栄を目指す日本に変わらなければいけない時だと思います。

コロナ危機の挑戦を受けて始まった令和時代を、われわれの手で〝麒麟のくる〟時代にしなければいけないのです。

耳鼻塚について知ってもらいたい、その思いで編集・出版したこの本でしたが、この本が読者の皆さんに、日本の再出発について考えるきっかけになれば、これ以上うれしい事はありません。


（完）

著者略歴

金 文吉

kim Moon Gil

釜山外国語大学名誉教授
韓日文化研究所所長

1945年7月生
1979年3月京都大学文学部研究生
1988年3月神戸大学大学院 日本文化学科卒業・哲学博士
1997年京都大学文学部 外国人招へい教授
2001年3月京都国際日本文化研究所 外国人教授
2003年3月釜山外国語大学 東洋科大学長
2010年〜現在　韓日日本文化研究所 所長

編者略歴

天木 直人

Amaki Naoto

元駐レバノン日本国特命全権大使、外交評論家、文筆家

1947年7月生
1969年京都大学法学部中退　外務省入省
在マレーシア、豪州、カナダの日本大使館公使、在デトロイト日本国総領事を経て2001年から在駐レバノン日本国特命全権大使
2003年8月米国のイラク攻撃に反対して外務省を依願免職。以降外交評論、作家活動を続ける

麒麟よこい
緊急出版 日韓和解の決め手はこれだ！
ー耳鼻塚の鎮魂・供養のすすめー

2020年9月16日　初版第1刷発行

著　者　金　文吉
編　者　天木直人
発行者　唐澤明義
発行所　株式会社 展望社
〒112-0002
東京都文京区小石川3丁目1番7号エコービル202号
電話　03-3814-1997　Fax　03-3814-3063
振替　00180-3-396248
展望社ホームページ　http://tembo-books.jp/
印刷所
製本所　モリモト印刷株式会社

ISBN978-4-88546-384-6